GEORGE SOROS

im Gespräch mit Gregor Peter Schmitz

Wetten auf Europa

GOLDMANN
Lesen erleben

Buch

George Soros ist einer der umstrittensten Investoren unserer Zeit. Während er für seine erfolgreichen Finanzgeschäfte und sein philanthropisches Engagement von vielen bewundert wird, kritisieren ihn andere als Krisengewinnler und rücksichtslosen Spekulanten. Durch seine Biografie ist Soros eng mit Europa verbunden. Sein Lebensweg steht wie kaum ein zweiter für die Ambitionen und Schwierigkeiten des europäischen Projekts, das sich in der schwersten und längsten Krise seit seinen Anfängen befindet. Aufgewachsen in Ungarn hat Soros als Überlebender des Holocaust früh erfahren, was Krieg bedeutet und weshalb Friedenssicherung einen so zentralen Pfeiler der europäischen Einigungsidee darstellt.

Im Gespräch mit Gregor Peter Schmitz, Korrespondent in Brüssel und beim SPIEGEL zuständig für Europa-Fragen, äußert sich Soros nun erstmals umfassend zu seiner Verantwortung als Investor sowie zu Chancen und Risiken der aktuellen Krise für die Europäische Union. Mit seinem Buch liefert er Orientierung zu den wichtigsten Fragen – und weist zugleich Wege aus der Krise.

Autoren

George Soros, geboren 1930 in Budapest, ist Chairman des Quantum Funds und einer der berühmtesten Finanzinvestoren der Welt. Kritiker wie Nobelpreisträger Paul Krugman werfen ihm rücksichtslose Spekulation vor. Soros selbst versteht den Begriff »Spekulant« aber eher positiv: Er helfe, Schwächen im System aufzuzeigen. Der studierte Philosoph setzt sich seit vielen Jahren weltweit für die Förderung der Demokratie ein, vor allem in Europa. Seine Open Society Foundation hat für die Verbreitung demokratischer Ideen einen zweistelligen Milliardenbetrag ausgegeben.

Gregor Peter Schmitz, geboren 1975, ist seit Mai 2015 Leiter des Hauptstadtbüros der WirtschaftsWoche. Zuvor war er acht Jahre lang Korrespondent für SPIEGEL und SPIEGEL ONLINE in Brüssel und Washington. Vor seiner Tätigkeit beim SPIEGEL leitete der Harvard-Absolvent das Brüsseler Büro der Bertelsmann Stiftung. 2008 wurde er mit dem Arthur F. Burns Preis ausgezeichnet, 2014 als Mitglied eines SPIEGEL-Rechercheteams zur NSA-Affäre mit dem Henri-Nannen-Preis.

George Soros

im Gespräch

mit Gregor Peter Schmitz

Wetten auf Europa

Warum Deutschland den Euro retten muss, um sich selbst zu retten

GOLDMANN

Dieses Buch ist auch als E-Book erhältlich.

MIX
Papier aus verantwortungsvollen Quellen
FSC® C014496

Verlagsgruppe Random House FSC® N001967
Das FSC®-zertifizierte Papier *Pamo House* für dieses Buch
liefert Arctic Paper Mochenwangen GmbH.

1. Auflage
Taschenbuchausgabe Juli 2015
Wilhelm Goldmann Verlag, München,
in der Verlagsgruppe Random House GmbH

Typografie und Satz: DVA/ Brigitte Müller
Umschlaggestaltung: UNO Werbeagentur, München
in Anlehnung an die Umschlaggestaltung der Originalausgabe
(www.buero-jorge-schmidt.de)
Umschlagabbildung: Charty Kurz/laif
KF · Herstellung: Str.
Druck und Einband: GGP Media GmbH, Pößneck
Printed in Germany
ISBN: 978-3-442-15857-7
www.goldmann-verlag.de

Besuchen Sie den Goldmann Verlag im Netz

»Ich saß in einem großen Wartesaal, und der hieß Europa. Acht Tage später fährt der Zug. Das wußte ich. Aber wohin er fuhr und was aus mir werden sollte, das wußte kein Mensch. Und jetzt sitzen wir wieder im Wartesaal, und wieder heißt er Europa! Und wieder wissen wir nicht, was geschehen wird. Wir leben provisorisch, die Krise nimmt kein Ende.«

ERICH KÄSTNER, *Fabian*

INHALT

EINLEITUNG

Es war ihr vielleicht stolzester Moment, ihr erster unumstrittener Wahlsieg nach zwei Zitterpartien zuvor. Angela Merkel stand auf der Bühne des Konrad-Adenauer-Hauses in Berlin, gerade hatten die Meinungsforscher ihr für diesen 22. September 2013 einen satten Triumph vorhergesagt, sogar eine absolute Mehrheit von CDU/CSU schien möglich. Merkels Anhänger hielt es nicht mehr auf den Sitzen, aus den Lautsprechern erklang »Tage wie diese« von den Toten Hosen, Fraktionschef Volker Kauder schnappte sich ein Mikrofon und sang lauthals mit. Hermann Gröhe schien ein Deutschland-Fähnchen schwenken zu wollen, das ihm jemand auf die Bühne gereicht hatte. Doch nicht mit der Kanzlerin. Angela Merkel nahm ihrem Generalsekretär das Fähnchen aus der Hand und brachte es von der Bühne. Dabei schüttelte sie missbilligend den Kopf.

Die Symbolik war unverkennbar: Selbst im größten Triumph wollte die Kanzlerin sich nicht in deutschem Nationalismus ergehen – schließlich schaute der Rest Europas, der die Bundestagswahl zur »Europawahl« erklärt hatte, zu. Die Menschen in den krisengebeutelten Ländern, in Spanien, Italien oder Griechenland, sollten keinen ausgelassenen Nationalstolz in deutschen Parteizentralen zu sehen bekommen. Merkels Intervention half jedoch wenig. Am Tag darauf titelte die spanische Tageszeitung *El Mundo*: »Merkel, Merkel über alles«, und die griechische Zeitung *Ta Nea* schrieb: »Europa wird Merkel-Land«.

Wie konnte es dazu kommen? Weshalb kann ein Land, das eine Führungsrolle in Europa ablehnt, vielen wieder als rücksichtslose Vormacht erscheinen, gar als dominante Besatzungsmacht? Warum werden Hakenkreuz-Flaggen geschwenkt, wenn Angela Merkel die griechische Hauptstadt Athen besucht? Weshalb wird kurz vor Beginn der griechischen EU-Ratspräsidentschaft Ende Dezember 2013 mit Maschinengewehren auf die Residenz des deutschen Botschafters in Griechenland gefeuert? Wie konnte die »deutsche Frage« mit solch einer Wucht zurückkehren – in einer Zeit, da Deutschland doch zu den wichtigsten Kreditgebern für die EU-Krisenländer gehört? Der an der Universität Bonn lehrende Historiker Dominik Geppert schreibt in seinem Buch *Ein Europa, das es nicht gibt*: »Einige politische Schlagworte der Juli-Krise von 1914 – die ›Einkreisung‹, der ›Blankoscheck‹, die ›Flucht nach vorn‹ oder der ›Sprung ins Dunkle‹ – gewinnen im Jahr 2013 eine ungeahnte Aktualität.« Ähnlich sieht es offenbar auch der ehemalige Außenminister Joschka Fischer; bereits im Juni 2012 bemerkte er in einem Beitrag für die *Süddeutsche Zeitung* düster: »Im 20. Jahrhundert hat Deutschland zweimal mit Krieg bis hin zu Verbrechen und Völkermord sich selbst und die europäische Ordnung zerstört, um den Kontinent zu unterjochen. Es wäre eine Tragödie und Ironie zugleich, wenn jetzt, zu Beginn des

21. Jahrhunderts, das wiedervereinigte Deutschland, diesmal friedlich und mit den besten Absichten, die europäische Ordnung ein drittes Mal zugrunde richten würde.«

Es sind verwirrende, ja geradezu beängstigende Fragen. Insbesondere, wenn man sie mit Szenen aus dem Bundestagswahlkampf 2013 garniert, in dem die neu gegründete Partei Alternative für Deutschland »Euro-Verbrennungen« vor dem Brandenburger Tor veranstaltete – mit dem Argument, man erlebe derzeit in Deutschland die größte Geldvernichtung seit der Inflation von 1923. »Eine weitere Anspielung auf jene Krisenzeiten der Demokratie«, wie die *Frankfurter Allgemeine Zeitung* kommentierte, lieferte Parteichef Bernd Lucke, als er nach einem angeblichen Angriff auf ihn während einer Wahlkampfrede von »Schlägertrupps wie seinerzeit in der Weimarer Republik« sprach.

Diese Krisenzeiten herrschen in einem Europa, in dem bei den Wahlen zum Europäischen Parlament im Mai 2014 den Euro-Skeptikern und den antieuropäischen Parteien aus Griechenland, Spanien, Großbritannien, Belgien, Frankreich oder eben Deutschland ein Stimmenanteil von insgesamt 30 Prozent vorhergesagt wird. So warnt auch Frankreichs Präsident François Hollande: »Das EU-Parlament könnte zum großen Teil aus Anti-Europäern bestehen. Es besteht die echte Gefahr einer Lähmung.«

*

Dieses Buch handelt von Deutschland und der Krise, auch von der Krise seines politischen Führungspersonals. Es ist aber zugleich ein Buch über Europa, über die Schwächen seiner Institutionen und deren Zukunft. Denn diese beiden Pole – die deutsche Krise und die europäische Malaise – sind nicht voneinander zu trennen, schließlich sollte die Europäische Union sich gemäß ihrer Gründungsidee von den Nationalstaaten fort hin zu einem Staatenbund bewegen. »In den Römischen Verträgen wie später auch im Vertrag von Maastricht war ausdrücklich vom Ziel einer ›immer engeren‹ Einheit die Rede. Der Nationalstaat, so Walter Hallstein, der erste und bislang einzige deutsche Kommissionspräsident, sei ›nicht das unveränderte Maß aller politischen Dinge‹. In dieser Sichtweise ging es nicht um die Rettung der Nationalstaaten, sondern um deren Aufhebung. Die Vereinigten Staaten von Europa als europäischer Bundesstaat waren das Ziel«, schreibt Dominik Geppert.

Die große und verbindende Ambition war also, dass irgendwann nicht mehr in Berlin, Paris oder London regiert und entschieden wird, sondern auf europäischer Ebene. Und diese Ambition gehörte in Deutschland auch lange zum politisch guten Ton. Noch 1989 versicherten deutsche Spitzenpolitiker, Intellektuelle und Wirtschaftsverteter George Soros im Gespräch, dass es keine deutsche, sondern nur eine europäische Außenpolitik gebe. Und in den Jahren der Euro-Einführung lautete Helmut Kohls erklärter Leitspruch, ein vereintes Deutschland sei nur in einem vereinten Europa denkbar.

Doch dieser Konsens ist erschüttert. Angela Merkel, so fürchtet ihr Biograph Stefan Kornelius, habe sich innerlich längst von dem Gemeinschaftsmodell verabschiedet. Die Nationalstaaten müssten sich ihrer Ansicht nach selbst aus der Misere befreien, sie seien schließlich auch selbst dafür verantwortlich. Im Bundestagswahlkampf 2013 sprach Angela Merkel nicht länger von »mehr Europa« wie die allermeisten ihrer Vorgänger, sondern schlug vor, dass Kompetenzen auch wieder an die Nationalstaaten zurückübertragen werden könnten – was einem »weniger Europa« gleichkam. Einen »Tabubruch der deutschen Außenpolitik« nannte der Brüsseler Politologe Jan Techau derlei Gedankenspiele. Es zwingt sich der Eindruck auf, Merkel glaube schlicht nicht mehr an die Gestaltungskraft europäischer Institutionen, allen voran der Europäischen Kommission, und begnüge sich lieber mit bilateralen Lösungsansätzen, in denen Deutschland den Ton angibt. Muss man also mit dem Berliner Wunsch nach einem »deutschen Europa« rechnen? Tritt an die Stelle der engen politischen Einheit die »Tragödie der Europäischen Union«, wie sie der amerikanische Wirtschaftsnobelpreisträger Paul Krugman bereits aufziehen sieht?

Noch vor wenigen Jahren befanden sich das Projekt der europäischen Einigung und die Gemeinschaftswährung Euro auf einem Höhenflug: Der Politologe Jeremy Rifkin erläuterte 2004 in *Der europäische Traum* unter großem Beifall, warum Europa – und nicht die USA – das Vorbild der Welt sei, ebenso der Brite Mark Leonard, Mitgründer und Direktor des Thinktanks European Council on Foreign Relations, der im Jahr 2005 seine Denkschrift *Warum Europa die Zukunft gehört* veröffentlichte. Derartige Thesen erschienen zu dieser Zeit keineswegs als vermessen. Das Projekt der europäischen Einigung hatte nicht nur für die längste Friedensperiode auf dem Kontinent seit dem 16. Jahrhundert gesorgt. Es hatte auch eine Generation geprägt, die dank unkomplizierter Grenzübertritte und einer einheitlichen Währung so harmonisch und multinational zusammenlebte wie wohl keine Generation zuvor. Historiker sollten in ferner Zukunft auf eine Epoche zurückblicken können, in der auf 7 Prozent der Weltbevölkerung 32 Prozent des Welthandels und 50 Prozent der globalen Sozialleistungen entfielen.

Ein Ende dieses Booms schien nicht in Sicht, der Begriff »Europa« war eng verknüpft mit wirtschaftlichem Fortschritt, ob nun in Form niedrigerer Telefontarife, in Form von Subventionen für Sizilien oder verarmte Regionen Portugals (und, bisweilen vergessen, für strukturschwache deutsche Landstriche), in Form von Industrieneubauten in Irland oder Spanien oder generell in Form des Euro-Beitritts, der weiteren wirtschaftlichen Aufschwung versprach. Der Harvard-Politologe Joseph Nye erkannte an, dass die EU-Erweiterungspolitik ein weltweiter Exportschlager geworden war – gerade in Abgrenzung zum Nation-Building-Desaster der USA im Irak und in Afghanistan. Und die Politikwissenschaftlerin Ulrike Guérot nannte Europa im Vergleich zu den USA gar die »echte Moderne«, da sich seine Erweiterung freiwillig vollzogen habe.

Die Gemeinschaftswährung Euro wurde zu dieser Zeit ebenso euphorisch gepriesen wie der Staatenbund: Unmittelbar vor Ausbruch der Euro-Krise jubelte die Europäische Kommission noch darüber, wie gut sich die neue Währung zehn Jahre nach ihrer Einführung entwickelt habe. »Der Euro ist eine Erfolgsgeschichte«, hieß es vielerorts überschwänglich. Und Deutschland? War nach harten Krisenjahren längst wieder ein Exportweltmeister und stand als wirtschaftliche Lokomotive der Euro-Zone auch als Herz des Kontinents da – vor dem niemand mehr Angst haben musste.

Führte diese Hybris zwangsläufig zur Tragödie? Heute, im fünften Jahr der Krise, kommt einem der europäische Traum längst wie ein Alptraum vor, aus dem der Kontinent noch immer nicht erwacht ist. In Staaten wie Spanien oder Griechenland ist beinahe jeder zweite junge Mensch ohne Arbeit, die Menschen dort werden sich auf Jahrzehnte der Stagnation einstellen müssen. Es drohe eine Zerstörung der Sozialstaatsgrundlagen und die Herausbildung einer neuen europäischen Unterklasse, wie der Soziologe Ulrich Beck in seinem Buch *Das deutsche Europa* fürchtet.

*

In den Gesprächen mit George Soros werden vier Kernfragen verhandelt, die Europa angesichts dieser epochalen Krise nicht länger ignorieren kann, will es ein »vereinter Staatenbund« sein, der sich aus politisch und wirtschaftlich gleichberechtigten Partnern zusammensetzt, will es als Global Player agieren:

1. WO LIEGT DER URSPRUNG DER EUROPÄISCHEN UNION?

Es wird sich zeigen, ob sich die Gemeinschaft an ihre einmalige historische Ursprungsidee – die Erkenntnis, dass auf einem kriegerischen Kontinent Friede nur durch Kooperation dauerhaft möglich ist – erinnert. Hält diese Idee den Kontinent auch in wirtschaftlichen Krisenzeiten zusammen? Kann sie auf europäischer Ebene ähnlich verbindend wirken wie das amerikanische Motto »We the People«? Oder droht ein Rückfall in nationale Egoismen, die den Kontinent einst entzweiten?

2. WIE KONNTE ES ZUR EURO-KRISE KOMMEN?

Die Fehleranalyse klingt oft verblüffend einfach: Staatsversagen und Verschwendung in den Krisenländern. Doch ist es wirklich so simpel? Der Euro-Krise lagen nicht nur staatliche Schuldenexzesse wie in Griechenland zugrunde, sondern auch der Strukturfehler einer Währungsunion, die ohne politische Union funktionieren sollte und in der Länder mit großen Handelsüberschüssen (beispielsweise Deutschland) und solche mit großen Defiziten vereint wurden. Erst wenn diese Tatsache von den europäischen Playern anerkannt wird, kann es zur Einigung über den geeigneten Weg aus der Krise kommen.

3. WIE IST DAS VERHÄLTNIS VON POLITIK UND MARKT?

Ist Europa nur noch ein Spielball globaler Finanzinvestoren, oder können Politiker noch etwas gegen die Märkte ausrichten? Verstehen sie diese überhaupt? Oder benutzen sie die Kritik an den Spekulanten als Vorwand, um von den Strukturschwächen des von ihnen entworfenen und kontrollierten Systems abzulenken? Und hätten die Spekulationen früher eingedämmt werden können, wenn die Reaktionen auf die ersten Krisensymptome geschlossener ausgefallen wären, etwa in Form einer kollektiven Haftung für öffentliche Schulden in den einzelnen EU-Mitgliedsstaaten?

4. IN WELCHE RICHTUNG BEWEGT SICH DIE EUROPÄISCHE UNION?

Viele führende Politiker in Europa haben lange auf eine »Politik der kleinen Schritte« vertraut, angetrieben durch akute Krisen. Aber reicht das aus, oder braucht Europa einen sogenannten »Philadelphia-Moment«, also den epochalen Schritt zu einer echten politischen Union, wie ihn die ersten Kolonien in den Vereinigten Staaten von Amerika wenige Jahre nach ihrer Unabhängigkeitserklärung mit der Ratifizierung des Verfassungsentwurfs vollzogen haben? Und welche Schritte müssten einem solchen Durchbruch folgen? Etwa eine Sozialunion, eine Haftungsunion, vielleicht eine gemeinsame europäische Staatsbürgerschaft?

»Euro Trashed« titelte die *New York Times* im März 2010 über das europäische Krisenmanagement. Und während des amerikanischen Präsidentschaftswahlkampfes 2012 dekretierte das *Wall Street Journal*, jeder Bewerber für das Weiße Haus müsse vor allem eines klarstellen: dass Amerika sich ja nicht in Europa verwandele, in einen nicht nur überalterten, feigen, konservativen, sondern auch hoch verschuldeten Kontinent. Die Reaktionen schwanken demnach zwischen Schadenfreude und echter Besorgnis. Was in dieser epochalen Krise aber weitgehend fehlt, sind Vermittler: zwischen Amerika und Europa, wichtiger noch: zwischen den Staaten innerhalb Europas, und wohl am wichtigsten: zwischen Deutschland und dem Rest Europas.

Ein solcher Vermittler muss alle Beteiligten daran erinnern, dass die Währungsunion auch als politisches Projekt angelegt war, was manche ihrer Strukturschwächen besser verstehen hilft. Er muss des Weiteren erklären, weshalb die Europäische Union nicht bloß der Rahmen für eine Währungsgemeinschaft ist, sondern weit mehr: eine »Rückversicherung, dass Europa weiter eine Rolle in der Welt spielt«, wie es der ehemalige Premier Großbritanniens Tony Blair nannte. Und er muss eine brauchbare Abwägung finden: zwischen dem Umstand, dass Deutschland in der Tat nicht im Alleingang die Union zusammenhalten kann, auf der anderen Seite aber auch keineswegs das »Euro-Opfer« ist, als das es sich gerne darstellt (sondern im Gegenteil maßgeblich von der europäischen Einigung und dem Entstehen der Euro-Zone profitiert hat). Ein solcher Vermittler muss Deutschland erklären, dass es nicht nur aus historischen Gründen Verantwortung trägt, sondern auch, weil die fehlerhaft konstruierte Währungsunion maßgeblich ein deutsches Projekt war.

Doch solche Vermittler fehlen, auch weil allen offenen Schranken zum Trotz noch immer Grenzen in Europa bestehen. Weil sich ein »öffentlicher Raum«, wie ihn Jürgen Habermas fordert, noch immer nicht herausgebildet hat, weder in den Medien noch in der Politik oder in der Erinnerungskultur noch in den wichtigsten Institutionen. Wenn sich neue Gebilde wie der Europäische Stabilitätsmechanismus (ESM) formen oder, wie die Europäische Zentralbank (EZB), eine immer stärkere Rolle übernehmen, erfolgt deren Besetzung nicht durch Wahlen, sondern durch wenig transparente Absprachen der Mitgliedsstaaten.

Unverkennbar ist: In der Euro-Krise ist auch beim politischen Führungspersonal eine Renationalisierung zu beobachten. Immer noch bestimmen nationale Wahlen und Medien den europäischen Rhythmus. Europas Interessen über die nationalen zu stellen, komme den meisten Politikern nicht einmal in den Sinn, moniert Ulrich Beck. Es ist bezeichnend, dass ausgerechnet die Rede des polnischen Außenministers Radosław Sikorski im Jahr 2011 für viel Aufsehen sorgte. Er könne selbst nicht glauben, dies zu sagen, teilte Sikorski seinem Publikum in Berlin mit, aber er fürchte sich mehr vor einem untätigen Deutschland als vor einem, das führe. Deutschland müsse sich nicht mehr von der historischen Schuld lähmen lassen – neue historische Schuld drohe hingegen, wenn es sich seiner Verantwortung für Europa nicht stelle.

Während Sikorskis klare Worte ein breites Echo auslösten, versinken deutsche Politiker in Sachen Euro mit Vorliebe in »steriler Lego-Sprache«, wie es der britische Historiker Timothy Garton Ash nennt. »Sie zimmern vorgefertigte Phrasen zusammen aus hohlem Plastik. Die meisten deutschen Politiker fliegen eher allein zum Mond, als dass sie einen bleibenden Satz formulieren«, schreibt er in *The New York Review of Books*. Daraus ergebe sich ein Paradox: Deutschlands Macht sei gewachsen, seine politische Klasse aber weiter geschrumpft. Ähnliche Tendenzen sind in anderen Mitgliedsstaaten erkennbar, wo das angeprangerte »Staatsversagen« oft mit persönlichem politischen Führungsversagen einhergeht.

Dabei wäre Kommunikation wichtiger denn je. Man muss Europa nicht länger pathetisch zu einer Frage von Krieg und Frieden verklären. Aber die Bürger Europas müssten von ihren Politikern endlich erfahren, wie diese die beschriebenen Herausforderungen – das schwierige Ausbalancieren von Länderinteressen und Gemeinschaftsinteressen, die Versuchung zur Nationalstaatlichkeit, die Rolle der Märkte und die ungewisse Zukunft der Gemeinschaft – bewältigen wollen.

Europa braucht Vermittler, Europa braucht Übersetzer – kaum jemand bringt dafür so gute Voraussetzungen mit wie George Soros, mit einem geschätzten Vermögen von rund 20 Milliarden Dollar einer der reichsten Männer der Welt, zugleich aber seit Jahrzehnten auch großzügiger Philanthrop; über seine Open Society Foundations steckte er Milliardenbeträge in die Förderung von Demokratie und offenen Gesellschaften in aller Welt, vor allem in Osteuropa.

Soros kennt sich aus mit offenen Gesellschaften – und auch mit ihren Feinden. Als 14-jähriger jüdischer Junge musste er sich im Budapester Untergrund verstecken, als die Nazis 1944 in Ungarn einmarschierten. Er geriet in mehrere Situationen, in denen sein Leben so gut wie verloren schien – und dennoch lehrte ihn sein Vater, keinen Groll gegen die Deutschen zu hegen, sondern die Hoffnung auf Europas Einheit hochzuhalten.

Soros gilt vielen als Prototyp des amerikanischen Investors. 1956 emigrierte er mit einer Handvoll Dollar nach New York. Dort gründete er 13 Jahre später den berühmten Quantum Funds, einen der ersten Hedgefonds der Welt. Er war für viele Jahre ein »professioneller Monopoly-Spieler«, wie er es selbst sagt. In seinem Herzen ist Soros aber immer ein leidenschaftlicher Europäer geblieben, und die europäische Einheit ist für ihn bislang in der Menschheitsgeschichte dem Ideal einer offenen Gesellschaft am nächsten gekommen. Sollte jedoch die Euro-Krise eskalieren, könnten der Europäischen Union noch einmal solch dunkle Zeiten drohen, wie Soros sie selbst erlebt hat, erst unter den Nationalsozialisten, dann in der Diktatur der Kommunisten.

Also argumentiert Soros mit den Lehren der Geschichte, wenn es um die Befreiung aus der Euro-Krise geht. So wie er im Untergrund lernen musste, auf außergewöhnliche Umstände mit außergewöhnlichen Maßnahmen zu reagieren, müssten nun auch Europas Politiker reagieren.

»Manchmal gelten traditionelle Regeln nicht mehr, weil sie sich als falsch erwiesen haben«, sagt Soros über seine Erfahrungen während der Nazi-Besatzung. Ein stures Festhalten an einmal vereinbarten Regeln der Währungsunion sei sträflich, wenn sich diese Regeln als ungenügend erwiesen hätten. Und noch eines habe er gelernt: rasch zu reagieren, Gefahren und negative Entwicklungen direkt anzugehen, egal wie unangenehm das sein mag – ein Frontalangriff auf die Strategie des Aussitzens, die Angela Merkel in der Euro-Krise praktiziere.

Es sind ungewöhnliche Ratschläge von einem ungewöhnlichen Menschen, von einem, der Systeme sprengte und Systeme zu retten versuchte, der rücksichtslos spekulierte und großzügig spendete. Der als Spekulant erfolgreicher war als vielleicht jeder Investor zuvor und der als Berufsbezeichnung dennoch »gescheiterter Philosoph« wählt. Der »messianische Tendenzen« zeigt, wie er selbst sagt, und sich mit Größen wie Keynes oder Einstein messen will, der jedoch leise und fast schüchtern auftritt.

Entsprechend groß sind die Vorbehalte gegen ihn, entsprechend zahlreich seine Kritiker. Der Autor dieses Buches hat für SPIEGEL und SPIEGEL ONLINE mehrere Interviews mit George Soros geführt – die Reaktionen fielen überwiegend heftig aus. »Der Schurke Soros denkt nur an sein eigenes Interesse«, schrieb ein Leser. Ein anderer schlug vor, Soros solle doch sein Privatvermögen den Euro-Krisenländern zur Verfügung stellen, dann hätten seine ergaunerten Gewinne wenigstens etwas Gutes. Häufigster Vorwurf aber: Warum biete der SPIEGEL jemandem, der das Weltfinanzsystem mehrfach beinahe zum Einsturz gebracht habe, ein Forum, seine Gedanken über eben dieses zu äußern?

»Wer ist eher qualifiziert, das System zu reformieren, als jemand, der innerhalb dieses Systems erfolgreich war?«, erwidert Soros auf derlei Kritik. Er deutet den »Spekulanten« von der klassischen Bedeutung des lateinischen Wortes *specula* (Beobachtungsplatz, Warte) her, als jemand, der ob der besseren Perspektive auf Mängel hinweisen und Schwachstellen aufdecken kann (selbst wenn er diese zuweilen für seine eigenen Zwecke nutzt). Er will Spekulanten jedoch nicht generell in Schutz nehmen, sondern er erkennt an, dass diese ihre eigene Realität schaffen und etwa durch hysterische Überreaktionen Krisen leicht beschleunigen und zur Eskalation führen können. Aus diesem Grund spricht er sich auch für eine scharfe Regulierung besonders gefährlicher Finanzinstrumente wie etwa Credit Default Swaps (CDS; Kreditausfallversicherungen) aus. Doch ein Punkt ist ihm wichtig: Indem Europas Politiker die Spekulanten zu alleinigen Auslösern der Euro-Krise abstempeln, lenken sie von dem grundlegenden Problem der Währungsunion ab. Und hier stimmt seine Analyse mit der vieler Ökonomen überein: Solange diese Strukturprobleme der Währungsunion nicht behoben sind und die Krisenländer nicht eine echte Chance erhalten, ihre Wettbewerbsfähigkeit wiederherzustellen, wird die Krise nicht enden.

George Soros hat während der Krise niemals gegen den Euro spekuliert, auch wenn ihm das Kritiker wie Paul

Krugman immer wieder unterstellten. In den Gesprächen zu diesem Buch war daher auch keine Sorge um private Interessen spürbar – eher ein tiefer innerer Antrieb: »Es klingt vielleicht verrückt, aber meine Idee eines erfüllten Lebens ist, Geschichte zu beeinflussen. Und wenn ich die deutsche Öffentlichkeit – oder im weiteren Sinne die europäische – davon überzeugen kann, dass sie den Euro und die Europäische Union retten muss, um sich selbst zu retten, werde ich ein glücklicherer Mensch sein«, antwortete er beispielsweise auf die Frage, warum er nach seiner dritten Hochzeit nicht den Ruhestand genieße, sondern sich stattdessen weiter für Europa engagiere.

*

Als die Chance bestand, mit George Soros über Europa zu sprechen – und mit ihm die vier beschriebenen Kernfragen zu klären –, zögerten der SPIEGEL und der Autor nicht. Herausgekommen ist ein Kompendium zu den historischen Grundlagen der Europäischen Union, an die es mehr denn je zu erinnern gilt; herausgekommen sind Reflexionen über die schwierige Rolle Deutschlands; ein Gedankenaustausch über die Rolle der Märkte, deren Mechanismen Soros kennt wie kein Zweiter, die er aber nach wie vor für politisch steuerbar hält, wenn Politiker den Mut zu umsichtiger Regulierung zeigten. Vor allem aber sind es Gespräche über die drohende Transformation eines Zusammenschlusses gleichberechtigter Staaten in einen ungleichen Zwangsverband von Schuldnern und Gläubigern, der den Kontinent erneut zu spalten droht und die Idee dieser historisch beispiellosen Union untergräbt.

Brächte diese Spaltung die Union schließlich gar zum Einsturz, wäre dies nicht nur ein »deutsches Verbrechen an Europa«, wie der italienische Journalist Eugenio Scalfari warnt, sondern auch ein Verbrechen an Deutschlands Zukunft. Sosehr sich Berlin derzeit als »Krisengewinnler« fühlen mag, so sicher ist auch: Deutschland hat als größter Profiteur einer stabilen Euro-Zone am meisten von deren Auflösung zu befürchten. Zumal seine scheinbare Stärke auf tönernen Füßen steht: »Deutschland könnte bald selbst von einer europäischen Transferunion profitieren müssen«, warnt der einflussreiche US-amerikanische Ökonom Barry Eichengreen angesichts von Demographieproblemen, Bildungsdefiziten und Investitionsstau im Oktober 2013 in der schweizerischen Zeitung *Finanz und Wirtschaft*.

Die Entscheidung, sich resigniert vom europäischen Einigungsprozess abzuwenden, kann also auch für Deutschland nicht die richtige sein, obwohl sie Angela Merkel an der Wahlurne nützliche Dienste erwiesen hat. Stattdessen geht es darum, dass die Bundeskanzlerin – oft als die »mächtigste Frau der Welt« tituliert – in ihrer laufenden Amtszeit endlich eine europäische Baumeisterin wird, anstatt immer nur die europäische Krisenmanagerin zu geben, wie die *Süddeutsche Zeitung* schreibt.

Dieses Buch möchte zu einer Wette auf Europa anregen. Aus Sicht des Autors und seines Gesprächspartners ist ein starkes Bekenntnis zur Europäischen Union und zum Erhalt der Währungseinheit nämlich keineswegs ein riskantes Glücksspiel. Vielmehr ist es eine gewinnbringende Investition in die Zukunft Europas – und auch in die Zukunft Deutschlands, das nicht auf der Gewinnerseite bleiben und boomen kann, während Europa seine Einheit zu verlieren und auseinanderzubrechen droht. Alles andere ist ein Mythos. Wenn Berliner Politiker glauben, mit ihrer bisherigen Politik eine drohende europäische Tragödie bereits abgewendet zu haben, ist diese Einschätzung nur eins: ein tragischer Fehler.

KAPITEL 1

»Eine Reaktion auf den Horror«

Die Wurzeln der europäischen Einigung

Es ist eines der hartnäckigsten Klischees aus europäischer Perspektive: Die Amerikaner hätten nicht nur keine Geschichte, überhaupt sei ihnen diese auch mehr oder weniger gleichgültig. Anhängern dieser amüsanten Theorie sei empfohlen, einen ausgedehnten Streifzug über die National Mall in Washington zu unternehmen, vorbei an den Ehrfurcht gebietenden Marmorgebäuden, die die Gründungsgeschichte der Vereinigten Staaten erzählen und auch die Geschichte jener Personen, die dieses Experiment vorantrieben, ja retteten: vom ersten Präsidenten George Washington über den Gründervater Thomas Jefferson und den Bürgerkriegshelden Abraham Lincoln bis neuerdings hin zur Bürgerrechtsikone Martin Luther King.

Die Amerikaner betreten diese Monumente keineswegs eingeschüchtert, sondern eher wie das Haus eines guten Freundes; Touristen aus dem ganzen Land strömen ausgelassen die Stufen der Gebäude hinauf, junge Liebespaare lassen sich küssend vor ihnen ablichten. Und sogar die Präsidenten, zuletzt Barack Obama, suchen diese Zeugen der Vergangenheit gelegentlich auf, spätabends, nachdem die Besucher gegangen sind, um stumme Zwiesprache mit den großen Vorgängern zu halten, wenn wieder einmal die Last des Amtes drückt.

Wenn der Reporter anschließend nach Brüssel reist, in Europas inoffizielle Hauptstadt, um auch dort auf Spurensuche zu gehen, landet er nach längerer Suche am Schuman, einem vom Verkehr umtosten Platz zwischen mehreren Großbaustellen, wo sich das Gebäude der Europäischen Kommission erhebt, ein moderner Zweckbau, der auch einen Versicherungskonzern oder eine Anwaltskanzlei beherbergen könnte. Zu seinen Füßen findet sich ein schmuckloses Denkmal aus grauem Stein, darin eingraviert die Widmung »Robert Schuman, Vorkämpfer des vereinten Europas, 1886–1963«.

Es ist die Erinnerung an den geistigen Vater der Montanunion – der Europäischen Gemeinschaft für Kohle und Stahl –, die den Grundstein für den europäischen Einigungsprozess legte. Für eine Tafel mit Erklärungen zu Schumans Wirken und seinen Visionen war allerdings kein Platz, und so muss sich der Betrachter weitgehend seinen eigenen Reim darauf machen. Unweit des Denkmals hängen zwar ein paar Infotafeln aus Plexiglas, doch sie erinnern nicht vorwiegend an die Gründungsideen, sondern beklagen vor allem, dass die Stadt Brüssel aufgrund unentschlossener belgischer Politiker einst nicht Sitz aller europäischen Institutionen wurde, sondern diese heute vor allem mit Luxemburg teilen muss.

Wenig Touristen verirren sich auf den zugigen Vorplatz, und oft schauen sie etwas ratlos, auf der Suche nach einem geeigneten Fotomotiv. Die meisten von ihnen posieren schließlich vor den 28 blauen Flaggen, die vor dem Kommissionsgebäude wehen, eine für jedes Mitgliedsland der Europäischen Union. Welche Flagge für welches Land weht und seit wann, bleibt dem Besucher allerdings so gut wie verborgen. Wollte er mehr über die Hintergründe des »europäischen Projekts« erfahren, fände er nur mit Mühe ein Geschäft in der Nähe, das Memorabilia zu Europas Geschichte führt. Er könnte auch nicht auf die Euro-Scheine in seiner Hand blicken – die Tradition der USA, Monumente und Persönlichkeiten ihrer Staatsgeschichte auf ihren Geldnoten zu verewigen, erschien den Europäern offenbar zu verwegen, als sie sich im Jahr 2000 auf ein Design der Euro-Banknoten einigten. Sie schmückten die neuen Geldscheine lieber mit Phantasierauten und anderen geometrischen Mustern, deren Symbolcharakter eher nichtssagend scheint.

Es sind also nicht die Amerikaner, sondern die Europäer, die die Entstehungsgeschichte ihres größten politischen Experiments weitgehend ignorieren. Zwar gehört es zur Routine der europäischen Politiker, den europäischen Zusammenschluss als schicksalhaftes Ereignis zu bezeichnen. Bundeskanzlerin Angela Merkel etwa sprach im Mai 2010 von einer »Schicksalsgemeinschaft« und fügte hinzu: »Das ist unsere historische Aufgabe. Denn scheitert der Euro, dann scheitert Europa.« Überschwängliches Andenken scheint ihnen dessen Historie jedoch nicht wert zu sein.

Vielleicht liegt diese Ignoranz darin begründet, dass die Europäische Union zuallererst eine »Reaktion auf den

Horror« war, wie es der französische Philosoph André Glucksmann einmal nannte. »Für Jahrhunderte war Europa mit Krieg assoziiert, mit Händel, mit Hass und mit Gewalt«, sagte George Soros in einem der Gespräche mit dem Autor. Heute, nach fast 70 Jahren Frieden in weiten Teilen des Kontinents und einer entschiedenen Hinwendung Europas zur gewaltlosen Konfliktlösung, erscheint uns das kaum mehr vorstellbar. Doch als Thomas Jefferson, der einige Jahre als amerikanischer Botschafter in Paris verbracht hatte, seinem Präsidenten James Monroe vom alten Kontinent berichten sollte, schrieb er in einem Brief im Oktober 1823: »Ich habe es immer für fundamental wichtig erachtet, dass die Vereinigten Staaten sich niemals in die Konflikte in Europa verwickeln lassen.« Es erscheint daher nur konsequent, dass der österreichische Schriftsteller Robert Menasse sein Buch *Der Europäische Landbote* mit folgendem Gedankenexperiment beginnt: »Wenn man auf dieser Karte für jeden Krieg, der in Europa je stattgefunden hat, mit einem roten Stift eine Linie zwischen den Krieg führenden Parteien zieht, Schlachtfelder und Frontverläufe markiert, dann verschwindet das Netz der Grenzen völlig unter einem rotgefärbten Feld.«

Man muss sich dieses blutrot gefärbte Feld vor Augen führen, um zu begreifen, wie erschöpft die Bewohner des Kontinents 1945, am Ende des Zweiten Weltkriegs, gewesen sein müssen. Immerhin waren unter ihnen Menschen, die nacheinander drei »europäische Bürgerkriege« erlebt hatten, rechnet man die blutigen Auseinandersetzungen zwischen Deutschland und Frankreich in den Jahren 1870/71 und natürlich den Ersten Weltkrieg hinzu. Die Deutschen jedoch waren nicht einfach nur erschöpft, sie hatten auch die Geduld ihrer Nachbarstaaten restlos ausgereizt.

Der in Cambridge lehrende Historiker Brendan Simms hat in seinem Buch *Europe. The Struggle for Supremacy* eine kurze Liste der damaligen Aversionen gegen Deutschland zusammengestellt, eine Aufzählung des Hasses auf das »geteilte Land auf einem geteilten Kontinent, im Zentrum einer geteilten Welt«, die sich in ihrer Unerbittlichkeit recht eindrucksvoll liest: Churchill wollte die Deutschen »kastrieren«; der tschechische Präsident Edvard Beneš nannte sie gar »Monster«, die ihre Menschlichkeit im Krieg eingebüßt hätten, und gelobte, das »deutsche Problem« in seiner Republik ein für alle Mal zu lösen; Josef Stalin bekannte, die Deutschen zu »hassen«, und selbst die Amerikaner, die schon sehr bald den deutschen (Wieder-) Aufstieg vorantreiben sollten, mochten ihnen nicht trauen. »Der Krieg hat gezeigt«, urteilte der spätere US-Außenminister Dean Acheson im Jahr 1945, »dass die Deutschen mit dem ganzen Rest der Welt Krieg führen können.«

Wie sollte dieses Deutschland, das den Worten von Henry Kissinger nach zu groß für Europa schien, aber zu klein für die Welt, nach diesem epochalen Einschnitt, nach dem Holocaust, nach unverhohlen gezeigter Kriegslust, jemals wieder friedlich in Europa eingegliedert werden? Erste Gedankenspiele, die Deutschen dauerhaft zu schwächen und ihr Land auf das Niveau einer Agrargesellschaft zu zwingen, wie kurzzeitig im amerikanischen Morgenthauplan erwogen, blieben Theorie. Die Antwort auf die »deutsche Frage«, so beschlossen Deutschlands Nachbarstaaten stattdessen rasch, konnte nur ein noch nie da gewesenes europäisches Bündnis sein.

Man kann daher, so ungeheuerlich das klingen mag, Adolf Hitler und seine Vernichtungsphantasien tatsächlich als den »Katalysator der europäischen Gemeinschaft« bezeichnen, wie es der *Economist* getan hat. Als alles in Europa niedergebrannt war, glaubte der Rest Europas, sich nur noch vereint gegen die deutsche Bedrohung wappnen zu können. »Wie zuvor Karl der Große und Napoleon, vereinte Hitler durch Gewalt beinahe das gesamte Gebiet der ursprünglichen europäischen Wirtschaftsgemeinschaft«, schrieb das britische Magazin, »und zerstörte so das Selbstbewusstsein der einzelnen Nationalstaaten.« Erschüttert im Glauben, einer ähnlichen Bedrohung im Alleingang jemals wieder Herr werden zu können, schworen Europas Staaten sich auf ein gemeinsames Ziel ein: »Nie wieder«. Es war eine Maxime, die einer ganzen Generation eingebrannt und von ihr überzeugend an die nachfolgenden weitergegeben wurde.

Die Regierungen von den Niederlanden, Belgien und Luxemburg hatten bereits im Jahr 1944 ein wirtschaftliches Bündnis geschmiedet, das die Zukunft der drei Staaten eng miteinander verschmolz, die sogenannte Benelux-Zollunion, die am 1. Januar 1948 in Kraft trat. Sie war bereits mit dem klaren Ziel formuliert, Sprungbrett für eine wirtschaftliche Einigung zu sein. Zum Zeitpunkt des offiziellen Bündnisbeginns wurden die Deutschen dann plötzlich wieder als nützlich angesehen, gar als potentielle Bündnispartner. Schließlich standen sich, so erinnert der *Economist*, Hoffnung, verkörpert durch die Amerikaner, die sich zu Europa bekannten, und Furcht, verkörpert von einer Sowjetunion, die den gesamten Kontinent an sich reißen wollte, im geteilten Berlin gleichsam diametral gegenüber. Und die Amerikaner waren bald entschlossen, die Deutschen auf ihre Seite zu ziehen.

Im Rückblick ist es erstaunlich, wie schnell dieser Prozess verlief und mit welcher Geschwindigkeit Deutschland wieder zu einem wichtigen Player avancierte. Schon im Mai 1946 hatten die Amerikaner in ihrer Besatzungszone einseitig auf weitere Reparationsleistungen verzichtet und eine baldige Rückkehr der deutschen Selbstbestimmung in Aussicht gestellt. George Marshall, amerikanischer Außenminister und Vater des Marshallplans, stellte bereits 1947 unmissverständlich klar, dass nur eine Wiederbelebung der deutschen Wirtschaft auch zur Erholung des gesamten europäischen Kontinents führen könne.

Es ging nun also nicht mehr darum, den Kriegssünder Deutschland zu bestrafen, es ging auch nicht um einfache Containment-Politik, wie sie früh zum Mantra der USA gegenüber der kommunistischen Sowjetunion geworden war. Die Maxime, die Washington für Deutschland ausgab, erwies sich als ungleich charmanter: Friede durch Annäherung – und Eindämmung durch Umarmung. So schreibt Dominik Geppert in *Ein Europa, das es nicht gibt*: »Die Erfolgsformel, die man nach 1945 fand, lautete: supranationale Integration. Die europäischen Mächte präferierten, auch auf Druck der USA, nicht mehr Gegenmachtbildung und Zwang, sondern die Einbindung Westdeutschlands in eine starke europäische Gemeinschaft. Deutsche Machtmittel wie die Kohle- und Stahlindustrie wurden europäisiert und dadurch unschädlich gemacht.« Oder, um es mit dem späteren US-Präsidenten Lyndon B. Johnson verkürzt und etwas grober zu formulieren: »Ziel war es, die Deutschen auf unserer Seite zu haben, aber fern vom Abzug.«

Der erste Kanzler der neu gegründeten Bundesrepublik, Konrad Adenauer, mit der Erfahrung zweier Weltkriege ausgestattet, nutzte diese Gelegenheit und setzte konsequent auf die Westbindung; er verbot sich jeden Gedanken daran, stattdessen die konkurrierenden Weltmächte gegeneinander auszuspielen. Sein Ziel war klar: Die europäische Integration sollte dabei helfen, zunächst Deutschlands internationale Akzeptanz und dann seine Souveränität wiederherzustellen.

Die amerikanisch-deutsche Gleichung wäre jedoch nicht aufgegangen, hätten nicht auch jenseits des Rheins pragmatische Zukunftserwägungen rasch den Hass der Nachkriegszeit verdrängt. Frankreichs Präsident Charles de Gaulle, unbeirrt in seinem Glauben an Frankreichs Glorie, mochte sich nicht mit der Rolle des USA-Vasallen abfinden; er benötigte einen europäischen Partner, um ein europäisches Gegengewicht gegen die Amerikaner aufzubauen – und das konnte kraft Größe und potentieller Stärke nur der Erzfeind Deutschland sein. So heißt es denn auch bei Dominik Geppert: »De Gaulle hatte schon Ende der

1940er Jahre vor allem die französische Führungsrolle im Sinn, wenn er sich für eine europäische Union erwärmte. Er habe immer gedacht, sagte er 1948, ›dass Frankreich zwischen einem Großbritannien, das vom Commonwealth in Anspruch genommen wird, und einem Deutschland, das sich sucht, schon von der Geographie dazu bestimmt ist, die europäische Union auf den Weg zu bringen‹.«

»Wie wird wohl die Stimmung in Frankreich gewesen sein?«, fragt Robert Menasse angesichts dessen in *Der Europäische Landbote*. »Frankreich war eben noch von Deutschland besetzt und gedemütigt gewesen, nun aber befreit und Siegermacht, Deutschland in der öffentlichen Meinung der Franzosen eine endlich niedergerungene Bande von Kriminellen.« Bei den normalen Bürgern war dieser Schritt verständlicherweise recht unpopulär. Sie konnten die pragmatischen und strategischen Erwägungen der Politiker nur schwer nachvollziehen. Der Präsident des Europaparlaments, Martin Schulz, der im Landkreis Aachen aufgewachsen ist, also nahe der niederländischen, belgischen und französischen Grenze, erinnert sich denn auch an die Nachkriegsjahre, in denen Franzosen, Niederländer oder Belgier, die den Deutschen gegenüber aufgeschlossen waren, verachtet wurden: »Sie waren für ihre Landsleute Paria«, sagt er, »sie wurden beschimpft, sie wurden geschnitten.«

Es war auch schwer zu begreifen: Ausgerechnet jene Nationen, die unter den Deutschen gelitten hatten, sollten nun wieder Bündnisse mit ihnen schließen – am besten so eng, dass jeder Gedanke an einen neuen Konflikt beide

Seiten derart in ihren Grundfesten erschüttere, dass er unmöglich erscheinen müsse. In einer Regierungserklärung von Robert Schuman zur Bildung einer gemeinsamen deutsch-französischen Schwerindustrie heißt es denn auch: »Die Solidarität der Produktion ... wird bekunden, dass jeder Krieg zwischen Frankreich und Deutschland nicht nur undenkbar, sondern materiell unmöglich ist.«

Die Amerikaner, mittlerweile klare Befürworter einer derartigen Verzahnung sowie einer Aufteilung in militärische Hilfe (NATO) und wirtschaftliche Komponenten (EU), halfen bereitwillig in diesem Prozess. Es war ein gewaltiger Schritt, der, ging es nach Robert Schuman, jedoch nicht als solcher empfunden werden sollte: »Europa lässt sich nicht mit einem Schlage herstellen ... Es wird durch konkrete Tatsachen entstehen, die zunächst eine Solidarität der Tat schaffen.«

Der europäische Einigungsprozess war also von Anfang an maßgeblich ein Eliten-Projekt, dessen Wortführer sich um mögliche Bedenken ihrer Bevölkerung wenig scherten. So beschlossen 21 Gläubigerstaaten, die allesamt erheblich unter dem Kriegsfuror der Nazis gelitten hatten, Deutschland Schulden zu erlassen und so dessen Wiederaufbau entscheidend anzukurbeln. Vor dem Londoner Schuldenabkommen von 1953, das diesen Erlass in Paragraphen goss, betrug Deutschlands Schuldenquote 28 Prozent – weit mehr also als die Schuldenquote Griechenlands heute. Nachdem das Abkommen in Kraft getreten war, sank sie auf nur noch 6 Prozent. Während der Verhandlungen zur deutschen Einheit einigten sich die vier Siegermächte des Zweiten Weltkriegs dann auf das völkerrechtlich bindende Zwei-plus-Vier-Abkommen, das anstelle eines Friedensvertrags trat – und damit weitere Forderungen nach Reparationsleistungen erledigte. Deutschland kam dies natürlich höchst gelegen, während Griechenland nach eigenen Schätzungen auf bis zu 7 Milliarden Euro verzichten musste – ein Umstand, den griechische Kommentatoren während der Euro-Krise nicht müde wurden zu betonen.

Innerhalb des europäischen Einigungsprozesses behielten die jeweiligen Staaten ihre nationalen Interessen stets im Blick. Wenn auch die politische Dimension in den römischen Gründungsverträgen von 1957 weitgehend außen vor gelassen wurde, begriffen die Regierungschefs rasch, dass die neu geschaffene Einigkeit ihre nationalen Vorrechte zu unterminieren drohte. Niemand realisierte dies besser als Charles de Gaulle, der nationale Vorrechte einforderte, lange bevor Großbritanniens »Eiserne Lady« Margaret Thatcher von Brüssel »ihr Geld zurück« haben wollte und vor einer »europäischen Identität« warnte. Auf Druck von de Gaulle kam es im Januar 1966 zum Luxemburger Kompromiss, der effektiv allen Mitgliedsstaaten ein Vetorecht einräumte für den Fall, dass »sehr wichtige Interessen« betroffen waren.

Allen Versöhnungsaufrufen zum Trotz nahmen bald auch die nationalen Reibereien unter den europäischen Partnern zu. Frankreich blockierte gleich zweimal eine Mitgliedschaft Großbritanniens, weil es seine politische Vormachtstellung – zusammen mit Deutschland –

nicht gefährden wollte und die engen Bande Londons mit Washington fürchtete. Paris verweigerte London stur »den begehrten großen Preis«, wie es der niederländische Historiker Luuk van Middelaar in seinem Buch *The Passage to Europe* nannte, nämlich den »Eintritt in die Gemeinschaft«. Auch entmachteten die nationalen Regierungen zielstrebig die Europäische Kommission, die die EU-Gründungsväter als die eigentliche Regierung des Staatenbundes vorgesehen hatten. Middelaar moniert denn auch, der Europäische Rat – bestehend aus den Regierungschefs – habe sich auf die bestehende Machtpyramide in Brüssel »aufgepfropft«, die Kommission regelrecht entmannt. Mindestens dreimal im Jahr trafen sich die Regierungschefs nun im exklusiven Kreis, und die nationalen Interessen sollten künftig das Gemeinschaftsinteresse überstimmen, lautete die klare Vorgabe. Sie hatten genaue Regeln festgelegt, welche »sehr wichtigen Interessen« ihren Widerstand rechtfertigten. Im Grunde genommen waren diese so elastisch, dass auch den Nachfolgern der Ausspruch von de Gaulle noch in den Ohren klang: »Die Supranationalität ist verschwunden. Frankreich wird souverän bleiben.« Auf diese Weise avancierte die als Antreiber und Motor vorgesehene Europäische Kommission zum Verlierer im europäischen Machtspiel. »Die nationalen Regierungen pflanzten sich selbst mitten ins Herz der europäischen Politikprozesse«, schreibt Luuk van Middelaar.

Immerhin konnten die Kommissionsbeamten in Brüssel – und alle Verfechter einer stärkeren europäischen

Union – noch lange auf Rückendeckung durch die Deutschen zählen. Die Bundesbürger hatten Konrad Adenauers Weichenstellung, über den Umweg der europäischen Einigung wieder zu nationaler Souveränität zu gelangen, nicht nur aus Schuldgefühl unterstützt, sondern auch, weil sie Frieden und Stabilität auf deutschem Boden als wertvolles Gut ansahen. Das »Nie wieder« war rasch zum Gründungsimperativ der Bundesrepublik avanciert, ähnlich dem »pursuit of happiness« in den Vereinigten Staaten. Es diente als Beschränkung jedweder Überlegung, das nationale deutsche Interesse über das Interesse Europas zu stellen. Das Ausland musste die Deutschen an diese historische Verantwortung kaum erinnern. Timothy Garton Ash beschreibt in dem Beitrag »The Crisis of Europe« für das US-Magazin *Foreign Affairs* eine Unterhaltung mit Helmut Kohl, der ihn nach der Wiedervereinigung zum Gespräch empfing und umgehend fragte, ob sich Ash dessen bewusst sei, dass er dem direkten Nachfolger von Adolf Hitler gegenübersitze. Denn diese Rolle spiele er als erster Kanzler eines wiedervereinigten Deutschlands, erläuterte Kohl dem verdutzten britischen Historiker.

Dieses deutsche historische Verantwortungsbewusstsein zeigte sich am deutlichsten in den Diskussionen über die Einführung des Euro. Der Gedanke an eine Wiedervereinigung hatte nach dem Fall der Berliner Mauer im Jahr 1989 für Unruhe unter den Nachbarn und einstigen Kriegsgegnern gesorgt. »Zweimal haben wir die Deutschen geschlagen, jetzt sind sie wieder da«, ließ Margaret Thatcher verlauten. Und Frankreichs Staatspräsident

François Mitterrand versuchte die Einigung gezielt zu hintertreiben. Er wolle die »deutsche Macht einschränken«, vertraute er Beratern an. Sollte dies nicht zum Erfolg führen, wolle er sie sich zumindest teuer erkaufen lassen, in Form einer Anbindung an die Strahlkraft der D-Mark. Die Deutschen hingegen waren mehr als kompromissbereit; sie versprachen, das vereinigte Deutschland noch enger in Europa einzubinden, und zwar in Form einer gemeinsamen Währung.

Timothy Garton Ash zitiert im genannten *Foreign-Affairs*-Beitrag den Vordenker des einheitlichen europäischen Währungssystems, Alexandre Lamfalussy, der an Kohl gewandt meinte, er wisse nicht, wie dieser die Deutschen dazu bringen wolle, ihre geliebte D-Mark aufzugeben. Kohl soll geantwortet haben: »Das wird passieren. Die Deutschen akzeptieren Führungsstärke.« Er hatte bereits vor der Wiedervereinigung mit dem Gedanken einer Währungsunion geliebäugelt, und der Schwung der Einigung verlieh ihm endgültig die Autorität, Bedenken beiseitezuwischen. Obgleich diese erheblich waren: In Meinungsumfragen votierten 60 Prozent der Bundesbürger gegen die Aufgabe der D-Mark. Beim entscheidenden EU-Gipfel 1989 in Straßburg nahm Kohl aber wenig Rücksicht auf deutsche Interessen, ebenso wenig auf die Meinung der Bundesbank. »Der Schritt war politisch wichtig, weil Deutschland Freunde braucht. Die braucht man, wenn man Deutschland ohne Blut und Eisen vereinen will. Die Deutschen wurden niemals in einem Referendum gefragt, ob sie die D-Mark aufgeben wollten, die für die westdeutsche Identität ähnlich wichtig war wie die Königin für die britische Identität. Wären die Deutschen aber gefragt worden, hätten sie den Schritt wahrscheinlich abgelehnt – doch der mächtige Kohl boxte die Maßnahme durch«, resümiert Timothy Garton Ash.

Das »Gewicht der Geschichte« leitete Kohl an, Zugeständnisse an die Nachbarstaaten zu machen – aber auch, bei der Zusammensetzung einer europäischen Währungsgemeinschaft eher politischen als ökonomischen Instinkten zu folgen. Er gehörte zu denjenigen, die nach Kriegsende die Schlagbäume an den Landesgrenzen gestürmt und Grenzsteine aus dem Boden gerissen hatten, wie Dominik Geppert schreibt. »Diese Prägung hilft, den missionarischen Eifer zu erklären, mit dem Kohl in seiner Europapolitik zu Werke ging … ein bloßes Wirtschaftseuropa, wie es seit den Römischen Verträgen als europäischer Binnenmarkt zunehmend gut funktionierte, war ihm zu wenig«, heißt es in *Ein Europa, das es nicht gibt* weiter.

Ohne Italien, Gründungsmitglied der Europäischen Gemeinschaft, sollte das Projekt Euro nicht beginnen dürfen, beschied Kohl. Gleiches galt für Griechenland, einst stolze Wiege der Demokratie. Politische Merkmale wogen also schwerer als die finanziellen Bedenken. Die Fiskalvorgaben für Italien wurden auch mit deutschem Wissen großzügig angepasst, bis die Wirtschaft des Landes vermeintlich »bella figura« machte. Dass das Land Goldreserven an seine eigene Zentralbank verkaufte, um die Gewinne daraus besteuern zu können, und kurz vor dem Eintritt in die Währungsunion eine »Europasteuer«

erhob, wurde großzügig übersehen. Für die Griechen sollte nach Überlegungen der EU-Regierungschefs als Vorgabe genügen, dass sich die Entwicklung der öffentlichen Schulden in die richtige Richtung bewegt.

Natürlich stand Helmut Kohl mit dieser Haltung nicht allein da. Er erhielt kräftige Rückendeckung aus Paris. »Schon im Vorfeld des französischen Referendums zum Maastricht-Vertrag im Jahr 1992 hatte Mitterrand der französischen Öffentlichkeit in einer Fernsehansprache versichert, die europäische Währungspolitik werde – anders als im Vertragstext festgeschrieben – nicht unter Weisung von europäischen Zentralbankern, sondern unter politischer Aufsicht stehen«, notiert Dominik Geppert und ergänzt, dass sich die französische Haltung im Zweifelsfall durchsetzte: »Die deutsche und auch die niederländische Regierung hätten lieber mit einem kleineren Kreis wirtschaftlich homogener und strukturell stabiler Länder begonnen. Auf einem Sondergipfel der EU im Mai 1998 setzte jedoch die französische Seite durch, dass neben Deutschland, Finnland, Frankreich, Luxemburg, den Niederlanden und Österreich auch Irland, Portugal und Spanien sowie – mit Blick auf die Höhe der Staatsschulden besonders problematisch – Italien und Belgien zum Kreis der Gründungsmitglieder gehören sollten.« Doch damit nicht genug: Es wurde ein regelrechtes »Wegschau-System« etabliert, als nach der Aufnahme dieser Wackelkandidaten deren Staatshaushalte völlig außer Kontrolle gerieten. In den ersten zehn Jahren der Währungsgemeinschaft wurden, so hielt der Finanzhistoriker David Marsh in *Beim*

Geld hört der Spaß auf fest, »die Zahlungsbilanzstatistiken für die einzelnen Mitglieder nicht mehr veröffentlicht, da die EU davon ausging, dass sich Defizite und Überschüsse selbst finanzieren würden. Nur die Gesamtstatistik der kombinierten Zahlungsbilanz für alle Mitglieder wurde in den Veröffentlichungen der EZB erfasst. Da sie relativ ausgeglichen war, schien alles in Ordnung.«

Ähnlich hielten es die Euro-Macher in offiziellen Verlautbarungen: Im Mai 2008, anlässlich des 10. Jahrestages ihrer Gründung, veröffentlichte die Europäische Zentralbank eine 328 Seiten lange Broschüre. Für die Risiken interner Ungleichgewichte im Euro-Raum waren darin bloß zwei knappe Seiten vorgesehen. Stattdessen fand sich Platz für die Einschätzung des aus Spanien stammenden EU-Kommissars Joaquín Almunia: »Der Euro ist eine wichtige neue Säule des internationalen Währungssystems sowie ein Zentrum der Stabilität für die globale Wirtschaft.« Und Almunia stand mit diesem Urteil keineswegs allein. »Eine erste Erfolgsgeschichte ist der Euro«, sagte der damalige Bundesfinanzminister Peer Steinbrück. »Niemand wird bestreiten können, dass der Euro die Fähigkeit der europäischen Volkswirtschaften, politische und wirtschaftliche Schocks zu verdauen, deutlich verbessert hat – und davon profitieren letztlich alle Europäerinnen und Europäer, auch wenn ihnen das vielleicht gar nicht bewusst ist … Der Euro wird deshalb auch künftig eine stabile Währung sein.« Bereits 2009, in der Frühphase der Euro-Krise, wiesen Topbeamte in Brüssel und beim Internationalen Währungsfonds (IWF) wiederholt auf die Gefahren einer griechischen Zahlungsunfähigkeit hin und empfahlen einen drastischen Schuldenabbau. Doch diese Ratschläge verhallten weitgehend ungehört oder wurden gar gezielt in die Schublade verbannt. Zu schön strahlte wohl die neue Währungswelt, »der feinste Moment in einem großartigen und noblen Projekt, der seit Generationen angestrebte«, wie es Paul Krugman ehrfürchtig nannte, »auf einem so oft von Krieg heimgesuchten Kontinent Frieden, Demokratie und gemeinsamen Wohlstand zu verankern«.

Und lange schien ja auch alles gut zu gehen, konnten doch nun selbst EU-Mitglieder wie Griechenland – dessen Exportwirtschaft maßgeblich aus Joghurt, Olivenöl, Schifffahrt und Tourismus bestand, wie der SPIEGEL ausführte – mit einem Mal zu beinahe gleichen Zinssätzen Geld leihen wie Exportweltmeister Deutschland mit seiner hochspezialisierten und diversifizierten Volkswirtschaft. Sie erhielten schließlich Glaubwürdigkeit von der ökonomischen Lokomotive des Kontinents, auf deren Verpflichtung zu einer niedrigen Inflationsrate die Märkte vertrauten. Dass diese Euro-Zone jemals auseinanderbrechen und damit die Staatsanleihen von Staaten wie Griechenland oder Portugal marode werden könnten, sah kein Investor zu dieser Zeit voraus, auch nicht George Soros. »Natürlich waren uns allen die theoretischen Schwächen dieses Zusammenschlusses bekannt«, erinnert er sich, »aber niemand glaubte, dass diese praktische Auswirkungen haben würden und Spekulation gegen die gemeinsame Währung möglich sei.«

Was vor allem nicht vorausgesehen wurde, waren die »asymmetrischen Schocks«, wie es die Ökonomen nennen. Darunter sind in einer Währungsgemeinschaft Schocks von innen zu verstehen, etwa durch extreme interne Ungleichgewichte (wie es innerhalb der Euro-Zone durch Deutschlands Reformanstrengungen in den Jahren der rot-grünen Regierung unter Gerhard Schröder geschah, als die Arbeitskosten radikal eingefroren wurden und so die Wettbewerbsfähigkeit der deutschen Wirtschaft wieder gestärkt wurde). Der Währungszusammenschluss konnte dauerhaft nur funktionieren, weil den Deutschen die Verpflichtung für Europa auch weiterhin bewusst war – und weil Deutschland stets bereit war, ein bisschen mehr zu geben.

Galt und gilt ein von historischer Verantwortung geprägtes Handeln und Denken auch für die Kanzler Gerhard Schröder und Angela Merkel, die mit einem anderen historischen Bewusstsein aufgewachsen sind, ohne die unmittelbare Erfahrung eines Krieges? Schröder hat Vertrauten zufolge mittlerweile mehrfach beklagt, zu lange zu skeptisch gegenüber der europäischen Idee eingestellt gewesen zu sein. Insbesondere sein Beharren, die Auflagen des Maastricht-Vertrages 2003 zusammen mit Frankreich verletzen zu dürfen und sich jede Kritik der EU-Behörden daran lautstark zu verbitten, sei ein entscheidender Fehler gewesen, habe er doch Deutschlands Glaubwürdigkeit untergraben, andere Nationen zu verantwortungsbewusstem Wirtschaften anzuhalten.

Dieser Wandel von der historischen Verantwortung zu einer kühlen Kosten-Nutzen-Rechnung war verblüffend:

Über Jahrzehnte hinweg hatte Deutschland keine Politik des nationalen Interesses in Europa verfolgt, sondern vorwiegend eine Politik des »mehr Europa«. Bundeskanzler Helmut Kohl hatte Europa zu einer Frage von Krieg und Frieden erklärt und der damalige Finanzminister Theo Waigel hatte den Maastricht-Vertrag als klaren Beitrag zur »dauerhaften Friedensordnung in Europa« bezeichnet. Unter Schröder und erst recht unter Merkels Führung in der Euro-Krise hielt ein neuer Pragmatismus in die deutsche Europapolitik Einzug. Das Ende einer »deutschen Europa-Romantik«, wie es Ulrike Guérot nannte, »in dem die historische Verantwortung vor dem historisch besten Abschluss kam«.

Es setzte sich eine Sichtweise auf Europa durch, die sich nicht mehr von Krieg und Frieden leiten ließ, sondern eher von Euro und Cent, wie der SPIEGEL monierte. Eine Sichtweise, die zunehmend unverhohlen zwischen Gläubigerländern und Schuldnerländern zu unterscheiden schien. So kann kaum überraschen, dass die Chefin des IWF, Christine Lagarde, zu Beginn des Jahres 2012 in einer Rede in Berlin einen Vergleich mit den 1930er Jahren zog und einen »wachsenden Isolationismus« beklagte, der Kooperation und Vertrauen zwischen den Mitgliedsstaaten kollabieren lasse und zum Blick nach innen führe. Also genau das Gegenteil von der Entwicklung, auf die die Köpfe hinter den Maastricht-Verhandlungen gehofft hatten – dass nämlich ein erfolgreicher Euro früher oder später auch zu einer engeren politischen Union führen werde. Davon ist aktuell nur noch wenig zu spüren, Angela Merkel hat im Bundestagswahlkampf 2013 den entgegengesetzten Weg eingeschlagen: Sie betonte, nicht mehr Rechte nach Brüssel übertragen zu wollen – und warf gar auf, ob dort gelagerte Kompetenzen nicht wieder an die Nationalstaaten zurückgegeben werden sollten. So beklagte sich auch EU-Parlamentspräsident Martin Schulz in seinem Buch *Der gefesselte Riese. Europas letzte Chance*, dass die Staats- und Regierungschefs auf den Gipfeltreffen immer mehr Entscheidungen an sich zögen, »sogar solche, die die europäische Gesetzgebung betreffen«.

Derartige Vorstöße stehen in krassem Gegensatz zur fortschrittlichen Idee, die hinter dem europäischen Zusammenschluss steht. Dieser stützt sich – im Gegensatz zu den Vereinigten Staaten von Amerika, deren Gründung aller Aufklärung zum Trotz auf der gewaltsamen Übernahme eines Gebietes und der Unterdrückung dort lebender Völker basiert – auf die von Joseph Nye geprägte »soft power«: auf die Macht der Überzeugung, die sich auf andere Instrumente verlassen kann als auf Panzer und Gewehrläufe. Es ist ein Staatenbund, der auf die Überwindung des Nationalstaates und rein national bestimmter Erwägungen und Interessen angelegt ist. Die Aufgabe dieses fortschrittlichen Ursprungsgedankens ist nicht nur ein historischer Rückschritt. Vielmehr drohen dadurch die Entwicklungsmöglichkeiten der Gemeinschaft eingeschränkt zu werden.

Europas historische Krise lässt sich jedoch durchaus auch als Chance begreifen. Hierfür empfiehlt sich abermals der Blick auf die Geschichte der Vereinigten Staaten.

Schließlich stand die junge Nation wenige Jahre nach der Unabhängigkeitserklärung vor ähnlichen Problemen, als die dreizehn Gründungsstaaten sich fragten, ob sie nicht mit einer Stimme mächtiger agieren könnten als mit mehreren, und 1787 den Zusammenschluss und damit den revolutionären Wandel hin zur Mehrheitsentscheidung vollzogen. »The Ratification of the Conventions of nine States shall be sufficient for the Establishment of this Constitution between the States so ratifying the Same«, heißt es folglich im siebten Artikel der amerikanischen Verfassung.

Die Vereinigten Staaten avancierten somit dank der Krise von der Konföderation zur Föderation. Daniel Cohn-Bendit und Guy Verhofstadt empfehlen einen solchen »Philadelphia-Moment« – so genannt nach dem Ort der Unterzeichnung des Verfassungsentwurfs – nun auch für den alten Kontinent als einzig gangbaren Ausweg. Ihre Forderung: Die Staaten müssen per Referendum entscheiden, ob sie in einem neuen föderalen Europa bleiben oder es verlassen wollen. »Um die Einstimmigkeit zu umgehen, haben sie beschlossen, dass die neue Verfassung mit einer Mehrheit von neun von dreizehn Stimmen angenommen werden müsse. Warum diese Zahl? Weil neun Staaten für die Aufgabe der Einstimmigkeit waren, während vier daran festhielten. Letztere hatten die Wahl: entweder sie akzeptierten die Regeln der neun/dreizehn, oder sie gingen ihrer Wege«, heißt es in ihrem gemeinsamen Buch *Für Europa! Ein Manifest.*

Auch Luuk van Middelaar schreibt, die europäischen Staaten müssten den »foundational leap« wagen, den

Gründungssprung in Form des Mehrheitswahlrechts. Dies wäre auch von konkreter Bedeutung für die aktuellen Herausforderungen der Währungsunion. Die Vereinigten Staaten haben auf diese Weise eine föderale Struktur geschaffen. Diese schützt, einer weit verbreiteten Mär zum Trotz, die einzelnen Bundesstaaten zwar nicht vor dem Bankrott, denn eine Bail-Out-Garantie ist bereits seit dem Ende des 18. Jahrhunderts nicht mehr vorgesehen. Doch die Zentralregierung hat eine andere Form von Auffangnetz geschaffen, geknüpft aus Sozialleistungen, Ausgleichszahlungen zwischen den Bundesstaaten und einer im Vergleich zu Europa wesentlich höheren Mobilität von Arbeitskräften, das einen amerikanischen Staatsbankrott so gut wie unmöglich macht. Auf dieser Grundlage sei aus der ziemlich versprengten Ansammlung ehemaliger Kolonien eine starke Republik und die mächtigste Volkswirtschaft der Welt geworden, argumentiert der US-Ökonom und Nobelpreisträger Thomas Sargent.

Würde Europa diesen Schritt nachvollziehen, könnte dies eines der drängendsten Probleme der aktuellen Krise lösen helfen. Und Deutschland wäre damit von einer Aufgabe entbunden, die das Land längst nicht mehr anstrebt: die der unumstrittenen Führungsmacht. Allen Protesten gegen die hässlichen Deutschen zum Trotz strebten Deutsche einen Platz an der Sonne höchstens beim Kampf um Handtuchplätze an der Mittelmeerküste an, wie Timothy Garton Ash einmal spöttisch bemerkte. Die Mehrheit der Bundesbürger ist keineswegs erpicht darauf, den Zuchtmeister Europas zu geben.

Ironischerweise droht der Rückfall in diese Rolle genau dann, sollte Deutschland an seiner aktuellen Politik festhalten – und die Lehren der Geschichte weiterhin ignorieren. Deutschlands wachsende Macht ist längst wieder das »Gespenst, das in Europa umgeht«, wie Brendan Simms schreibt. In einer Umfrage des Meinungsforschungsinstituts Harris im Juni 2013 meinten 88 Prozent der Befragten in Spanien, Deutschland habe in Europa zu viel Einfluss, 82 Prozent der Italiener sahen dies genauso, und mehr als die Hälfte der Franzosen. Eine Studie des Thinktanks Pew Research Center aus dem Jahr 2013 ergab, dass ausgerechnet Deutschland, das bislang milliardenschwere Hilfspakete für weite Teile des Kontinents zugesagt hat, von den Empfängerstaaten als die »egoistischste« Nation des Staatenbundes bezeichnet wird. Mehr Solidarität führt also nicht zu Gegensolidarität, sondern zu neuen Spannungen. Man kann das unfair finden, aber wie man es dreht oder wendet: Deutschland und Europa drohen in einen Zustand zurückzufallen, den wir als überwunden glaubten – und dessen Überwindung Triebfeder des europäischen Projekts war.

GESPRÄCH

»... denn sonst zerplatzt der Traum einer europäischen Union«

SCHMITZ: Herr Soros, dieses Buch dreht sich um die schwierige Gegenwart und die komplizierte Zukunft der Europäischen Union. Beides lässt sich ohne einen Blick auf die historischen Wurzeln dieses einmaligen Staatenbundes nicht verstehen. Schließlich ging es den Gründern der Union darum, endlich Frieden auf dem Schlachtfeld Europa zu schaffen. Sie sind als »amerikanischer Investor« weltbekannt geworden, mit einem geschätzten Vermögen von rund 20 Milliarden Dollar. Aber was viele Menschen nicht wissen: Sie kennen die dunkelsten Seiten der europäischen Geschichte ganz genau, schließlich wuchsen Sie in einer jüdischen Familie im Ungarn der 1930er Jahre auf. Damals kann Europa keine besonders freundliche Umgebung für Sie gewesen sein.

SOROS: Europa war für sehr viele Menschen sehr lange kein freundliches Pflaster. Schauen Sie sich bloß seine Geschichte an: Über Jahrhunderte wechselten sich auf dem Kontinent Könige, Konflikte und Kriege munter ab. Natürlich hatte sich im 20. Jahrhundert längst eine gemeinsame europäische Kultur, Literatur und Kunst herausgebildet. Doch dieses Gefühl der elementaren Bedrohung, der Angst und mitunter tödlichen Gefahr ist niemals ganz verschwunden, es war auf dem Kontinent ständig präsent – insbesondere für einen jüdischen Jungen in Ungarn, wo der Antisemitismus sehr ausgeprägt war.

SCHMITZ: Hat Ihre Familie versucht, dieses Erbe zu verleugnen? Ihr Vater änderte sogar Ihren Familiennamen von Schwartz zu Soros, weil dies weniger jüdisch klang.

SOROS: Das stimmt. Mein Vater änderte unseren Namen im Jahr 1936, als ich gerade eingeschult wurde. Schließlich waren wir keine religiöse Familie, sondern eine sehr liberale. Mein Vater dachte sogar darüber nach, unsere Religion ganz aufzugeben, aber das haben wir dann doch gelassen. Wir alle hatten den Eindruck, ein solcher Schritt sei heuchlerisch, weil wir uns schließlich gar nichts aus Religion machten. Aber gerade meine Mutter war über die Namensänderung sehr glücklich. Sie sah unser Judentum immer als ein Stigma an. Aber wir konnten natürlich nichts daran ändern, dass uns andere Menschen immer noch als jüdisch einstuften. Als ich 1940 aufs Gymnasium wechselte, kam also nur die jüdische Klasse für mich infrage. Mit Katholiken oder Protestanten durften wir Juden nicht gemeinsam lernen.

SCHMITZ: Eine feine Unterscheidung, die eine ganz neue Bedeutung erhielt, als die Nazis im Jahr 1944 Ungarn besetzten.

SOROS: Den Tag der Invasion, den 19. März 1944, erinnere ich noch sehr genau. Die deutschen Panzer rasten entlang der Donau, und wir wussten sofort: Jetzt kommen doch noch die Nazis.

SCHMITZ: Haben Sie um Ihr Leben gefürchtet?

SOROS: Nicht sofort. Ich glaubte fest daran, dass der Spuk schnell wieder vorbei sein würde, vielleicht schon nach einigen Wochen. Schließlich hatten wir mitbekommen, dass sich die Nazis im übrigen Europa auf dem Rückzug befanden und das Ende des Weltkriegs bevorstand.

SCHMITZ: So kam es aber nicht. Die Nazis blieben zwölf Monate und töteten über 400 000 ungarische Juden.

SOROS: Erst knöpften sie sich die Juden aus den ungarischen Provinzen vor. Der jüdischen Bevölkerung in Budapest erging es zunächst besser, weil verschiedene Diplomaten – darunter der legendäre Raoul Wallenberg aus Schweden – sich nach Kräften für uns einsetzten. Aber schließlich konnten auch diese Helden nichts mehr ausrichten. Tausende jüdische Einwohner Budapests wurden deportiert, viele andere in Ghettos gesperrt. Und noch in den letzten Kriegstagen tötete die faschistische ungarische Organisation Eisernes Kreuz, die eng mit den Nazis zusammenarbeitete, viele von ihnen. Ich weiß noch, wie ich an einem Laternenpfahl vorbeiging, der mitten in Budapest stand. Zwei Juden baumelten von dem Pfahl, beide tot. Unter ihnen hing ein Schild, auf dem stand: »Das geschieht mit einem Juden, der sich versteckt.«

SCHMITZ: Hat Sie das nicht schockiert?

SOROS: Schon, aber wir hatten Vorbereitungen getroffen. Mein Vater hatte sich um falsche Papiere bemüht, die nicht nur unsere Familie retteten, sondern auch viele andere Menschen.

SCHMITZ: Wie war Ihr Vater an die falschen Papiere gelangt?

SOROS: Er hatte einen professionellen Dokumentenfälscher ausgemacht und wurde rasch sein bester Kunde. Noch wichtiger aber war seine enge Freundschaft mit dem Hausmeister unseres Wohngebäudes, den mein Vater stets sehr zuvorkommend behandelt hatte. Nun wollte sich dieser Mann revanchieren und bot seine Hilfe an. Er gab uns die Papiere seiner ganzen Familie, und wir nutzten sie ausgiebig. So ausgiebig, dass wir manchmal durcheinandergerieten. Denn laut unserer falschen Dokumente waren nun einige unserer Familienmitglieder plötzlich Bruder und Schwester, ihre (ebenfalls gefälschten) Geburtsdaten lagen aber nur ein paar Monate auseinander. Wir mussten also immer ganz genau im Auge behalten, wer sich mit wem verstecken konnte.

SCHMITZ: Erinnern Sie sich an einen Moment in den Monaten im Untergrund, als Sie dachten: Alles ist vorbei, sie werden uns finden und töten?

SOROS: Oh, ich erinnere mich an viele heikle Momente. Wir hatten nicht weniger als elf verschiedene Verstecke eingerichtet, und manchmal mussten wir sie binnen weniger Minuten räumen. Natürlich war das oft sehr gefährlich. Ich erinnere mich, wie ich in Budapest von einem ehemaligen Schulkollegen erkannt wurde und sofort fortlaufen musste, zu einem anderen Versteck. Und als ich mich zum ersten Mal an einem Wochenende allein verborgen hielt, ging ich ein wenig spazieren und verließ den Budapester Innenstadtbezirk, ohne es zu merken. Plötzlich tauchte eine deutsche Polizeistreife auf und fragte nach meinen Papieren. Ich hatte diese zum Glück dabei, aber ich war so nervös und ängstlich, dass ich mir beinahe in die Hose machte. Das war sowieso ein Problem: Ich passte immer sehr genau auf, dass mir niemand beim Pinkeln zuschaute, schließlich war ich als jüdischer Junge beschnitten. Kurzum: Ich wusste schon, wie gefährlich unsere Lage war, aber ich spürte immer eine Art Urvertrauen, dass ich überleben würde. Aber klar ist auch: Wenn man mich geschnappt hätte, wäre ich dem Tod geweiht gewesen.

SCHMITZ: Dem Tod geweiht gewesen: Sie klingen so nüchtern, beinahe distanziert. Man könnte fast den Eindruck bekommen, dass dieses Jahr im Untergrund ein großes Abenteuer für Sie war.

SOROS: Na ja, das war es ja auch. Ich weiß, es klingt paradox, aber das Jahr 1944, das so furchtbaren Schrecken für viele Menschen brachte, war für mich eine unglaublich intensive Erfahrung. Es war das vielleicht glücklichste Jahr meines Lebens. Sie müssen sich in meine Lage versetzen: Ein 14 Jahre alter Junge, der solch eine einmalige Zeit miterleben durfte, unter Anleitung seines Vaters, den er bewunderte. Das war alles sehr aufregend. Ich habe meinen Vater sehr geliebt und war ungeheuer glücklich, so viel Zeit mit ihm verbringen zu können. Ich fühlte mich beinahe unverwundbar, wenn ich an seiner Seite war. Und diese Erfahrung hat mich für den Rest meines

Lebens geprägt, auch in meiner Arbeit als Investor. Ich habe von meinem Vater damals gelernt, dass man manchmal Regeln brechen und alles riskieren muss – aber auch, dass Überleben das wichtigste Gut überhaupt ist, man also nicht einfach alles riskieren sollte.

SCHMITZ: Welche anderen Lehren hat Ihr Vater Ihnen während dieser gemeinsamen Zeit im Untergrund mitzugeben versucht?

SOROS: Er hatte ja schon einiges erlebt, als er im Ersten Weltkrieg Kriegsgefangener in Sibirien war. Damals organisierte er einen Gefangenenausbruch, floh über den Fluss Taiga und verfolgte die Russische Revolution als Augenzeuge. Diese Erfahrung half ihm natürlich während der deutschen Besatzung. Mein Vater war gelernter Anwalt, er hatte also durchaus Respekt für Gesetze und Vorschriften. Aber weit stärker prägte ihn seine Lebenserfahrung, und die sagte ihm, dass man sein Schicksal manchmal in die eigene Hand nehmen muss und in Zeiten großer Umbrüche manche Regeln schlicht nicht mehr gelten. Ohne meinen Vater wäre ich heute nicht mehr am Leben. Er hat mich geprägt wie kein anderer Mensch.

SCHMITZ: Können Sie diese Prägung etwas genauer erklären?

SOROS: Ich habe von ihm gelernt, dass man nicht einfach auf Hoffnung bauen kann. Wir erleben dies gerade wieder in der Euro-Krise, in der europäische Politiker die Risiken der Währungsunion lieber herunterspielen, statt entschlossen an Lösungen zu arbeiten. Ich hingegen denke stets an die negativsten Folgen, die man sich vorstellen kann, damit ich auf das Schlimmste vorbereitet bin und entsprechend vorbeugen kann. So hat es mein Vater ja auch gehalten: Als die Deutschen Ungarn besetzten, hat er sich umgehend um falsche Papiere gekümmert. Es war beinahe so, als handele es sich um eine reguläre geschäftliche Transaktion. Aus mir, George Soros, wurde Janos Kis, wie es in meinem gefälschten Ausweis stand.

SCHMITZ: Sie schreiben in Ihren Memoiren, dass andere jüdische Bürger in Budapest damals sagten: Wir sind gesetzestreue Bürger, also halten wir uns weiter an die Regeln.

SOROS: Ich erinnere mich genau: Alle jüdischen Studenten in Budapest mussten für den Judenrat arbeiten. Eine meiner Aufgaben war es, Benachrichtigungen an jüdische Anwälte zu verteilen. In einer Nachricht stand, dass sie sich beim Rabbiner-Seminar in Budapest melden und Kleidung, eine Decke und Essen für 24 Stunden mitbringen sollten. Mein Vater schaute sich den Zettel an und sagte: Benachrichtige die Leute, aber sage ihnen, dass sie deportiert werden, wenn sie sich melden. Ich tat dies, und ein Anwalt sagte zu mir: Ich habe mich mein ganzes Leben lang an die Gesetze gehalten, also habe ich nichts zu befürchten. Alle, die sich meldeten, sind umgehend deportiert worden.

SCHMITZ: Andererseits trifft es ja durchaus zu, dass Rechtssicherheit und Respekt vor Gesetzen moderne Gesellschaften zusammenhalten. Wie verträgt sich das mit Ihrem Credo, man solle Regeln brechen?

SOROS: Ich sage ja keineswegs, dass wir Gesetze nicht ernst nehmen sollten. Aber in manchen Situationen muss man hinterfragen, ob die geltenden Regeln noch Sinn machen. Der Vergleich mit der NS-Zeit hinkt natürlich, weil es zum Glück nur um Geld statt um Menschenleben geht, aber man kann eine Brücke zur heutigen Euro-Krise schlagen. Die Regeln und Vorschriften der europäischen Währungsunion haben sich als völlig unbrauchbar erwiesen, sie stehen einer raschen wirtschaftlichen Erholung im Weg. Dennoch scheint Deutschland entschlossen, um jeden Preis an diesen überholten Regeln festzuhalten.

SCHMITZ: Was dachten Sie über die Deutschen direkt nach der Befreiung Budapests und dem Ende des Zweiten Weltkriegs?

SOROS: Als ich klein war, hatte ich ein deutsches Kindermädchen, ein »Fräulein«, aus dieser Zeit bewahrte ich mir eine gewisse Schwäche für das Land und seine Sprache. Und mein Vater legte immer viel Wert darauf, zwischen »den Deutschen« und »den Nazis« zu unterscheiden. Er hat nie gesagt, alle Deutschen seien böse und verantwortlich für die Verbrechen der Nazis. Ich erinnere mich an eine ganz besondere Situation: Mein Vater verbrachte viel Zeit in Cafés, und weil er immer sehr gesprächig und gesellig war, schloss er viele Freundschaften, darunter auch mit einem deutschen Offizier.

SCHMITZ: War das nach der Invasion?

SOROS: Oh ja, wir lebten damals schon im Untergrund. Aber mein Vater glaubte, dass wir tagsüber in der Öffentlichkeit sicherer seien als in Verstecken.

SCHMITZ: Waren Sie dabei, als er Freundschaft mit dem deutschen Offizier schloss?

SOROS: Gewiss, mein Vater und ich trafen uns oft in diesem Café. Dieser Offizier war ein gelernter Apotheker aus Breslau, und er beklagte sich, wie schwer ihm seine Pflichten fielen – unter anderem Juden für die Deportation aufzureihen. Mein Vater tröstete ihn und versicherte ihm, er tue ja nur seine Pflicht und würde vor dem Militärgericht landen, wenn er sich weigerte. Also solle er sich nicht schlecht fühlen, solange er sich nur darum bemühe, Menschen nicht weh zu tun. Es war schon ziemlich ironisch, dass ein Jude im Untergrund zu dieser Zeit einen deutschen Offizier trösten musste.

SCHMITZ: Haben Sie damals verstanden, was Ihr Vater tat?

SOROS: Oh natürlich. Ich erinnere mich oft an dieses Erlebnis, und es beflügelt mich bis in die heutige Zeit, da ich die deutsche Politik zu überzeugen versuche, etwas großzügiger und nachsichtiger gegenüber dem Rest Europas zu handeln – und dafür zu sorgen, dass Deutschland dort nicht wieder gehasst wird.

SCHMITZ: Was erwarteten Sie eigentlich für Europa, als der Zweite Weltkrieg endlich zu Ende ging? Konnten Sie überhaupt daran glauben, dass der Kontinent jemals Frieden finden würde?

SOROS: Unser großes Glück nach dem Ende des Krieges war der Marshallplan. Ohne ihn ist die Europäische Union überhaupt nicht denkbar, er war ihr Geburtshelfer. Schließlich ging es darin nicht einfach um Hilfsleistungen an einzelne Länder, sondern, um im modernen Jargon der Entwicklungshilfe zu sprechen, um Hilfe zur Selbsthilfe. Der Plan war wahrscheinlich das erfolgreichste

Entwicklungshilfeprojekt der Weltgeschichte. Und er zeigte, zu welch guten Taten die Vereinigten Staaten fähig waren, die damals weltweit so dominant waren wie heute Deutschland in Europa. Amerika konzentrierte sich auf den Wiederaufbau des Kontinents, auf dem es gerade noch erbittert Krieg geführt hatte. Das ist der große Unterschied zum heutigen Verhalten Deutschlands: Amerika war bereit, die Sünden der Vergangenheit vielleicht nicht zu vergessen, aber zu vergeben. Deutschland hingegen scheint es bloß um Sanktionen und Strafe zu gehen, ohne dass das Land dem Rest Europas eine ähnlich positive Vision bietet, wie sie damals die Amerikaner auch den Deutschen boten.

SCHMITZ: Nicht jeder war freilich so versöhnlich gestimmt. Der Morgenthauplan wollte Kriegssünder Deutschland vor allem bestrafen. Das Land sollte in eine Agrargesellschaft verwandelt werden. Haben Sie diesen verständlichen Drang, Deutschlands Macht radikal einzudämmen, damals auch verspürt?

SOROS: Nein, überhaupt nicht. Auch in diesem Punkt hatte mein Vater großen Einfluss auf mich. Er war ein Anhänger der Esperanto-Bewegung, er glaubte fest an die Ideale internationaler Verständigung. Also war in unserer Familie völlig unstrittig, dass nur mehr Kooperation unter den Völkern endlich Frieden in Europa bringen konnte. Jeder Gedanke an Rache oder Vergeltung war uns fremd. Als Student an der London School of Economics and Political Science hatte ich in den 1950er Jahren Gelegenheit, frühe Versuche einer europäischen Einigung genau zu untersuchen. Sowohl intellektuell als auch emotional war dieser Einigungsgedanke also tief in mir verankert. Ich glaube, deswegen bewegt mich die Euro-Krise heute auch so sehr. Denn ich mache mir große Sorgen um Europas Zusammenhalt. Dieser freiwillige Zusammenschluss gleichberechtigter Staaten droht sich seit Beginn der Krise radikal zu wandeln: in eine Zweckgemeinschaft zwischen Schuldnern und Gläubigern, aus der es für die Schuldner kein Entkommen gibt. Mich erinnert die aktuelle Lage innerhalb der EU mehr an ein Schuldnergefängnis als an eine gleichberechtigte Gemeinschaft.

SCHMITZ: Im Jahr 1956 verließen Sie Europa und zogen nach New York. Hatten Sie die Hoffnung, in den USA wäre es leichter, Erfolg zu haben?

SOROS: Wenn man kein Geld hat – und damals hatte ich überhaupt keins –, sorgt man sich ständig um Geld. Und ich dachte schlicht, es sei einfacher, in den USA Geld zu verdienen. Das mag jetzt reichlich albern klingen, aber ich hatte mir einen Plan zurechtgelegt: Ich wollte binnen fünf Jahren ein Vermögen von 500 000 Dollar aufbauen und dann nach Großbritannien zurückkehren, um mich voll und ganz auf die Arbeit als Philosoph konzentrieren zu können. Das war sozusagen mein persönlicher Fünfjahresplan. Nur leider ging er schief. Ich verdiente mehr Geld in den ersten fünf Jahren als erwartet.

SCHMITZ: Wie unangenehm …

SOROS: Na ja, dies führte schon dazu, dass ich meine Pläne ändern musste. Das Anlagegeschäft begann mich so zu faszinieren, dass ich immer weitermachte, bis ich ein Vermögen angehäuft hatte. Wenigstens war die Arbeit an den Finanzmärkten eine gute Gelegenheit, meine philosophischen Theorien in der Praxis auszuprobieren.

SCHMITZ: Selbst wenn Ihr Leben eine neue Richtung nahm: Ihre stark geschichtlich und kulturell geprägte Sichtweise auf Europa haben Sie sich bewahrt.

SOROS: Ich habe mittlerweile einen amerikanischen Pass, aber in meinem Herzen bin ich immer noch Europäer. Für mich ist die Europäische Union das ideale Modell einer offenen und freien Gesellschaft. Deswegen berührt mich die Krise in Europa so persönlich. Ich mache mir große Sorgen, dass diese Gemeinschaft zerbricht – und viele Menschen in Europa scheinen diese Gefahr nach wie vor zu ignorieren. Leider glaubten auch vor dem Ersten Weltkrieg oder in den Jahren der Weimarer Republik viele Menschen, es werde schon nichts Schlimmes passieren. Dann kam es doch anders. Ich habe persönlich erst die Diktatur der Nazis erleben müssen, dann die Herrschaft der Kommunisten. Ich wünsche mir, dass nie wieder so dunkle Zeiten in Europa anbrechen.

SCHMITZ: Haben Sie in Ihren Gesprächen mit europäischen Spitzenpolitikern das Gefühl, dass sie diese historische Sichtweise teilen?

SOROS: 1989, im Jahr des Mauerfalls, habe ich viel Zeit in Deutschland verbracht und mit Politikern, Intellektuellen und Wirtschaftsvertretern gesprochen. Alle beteuerten, Deutschland verfolge keine eigene Außenpolitik, das Land kenne nur eine europäische Außenpolitik. Damals bastelte Deutschland gemeinsam mit Frankreich gerade an Plänen für eine vertiefte Integration der Europäischen Union – und es war erklärte Maxime von Politikern wie Helmut Kohl, dass die deutsche Wiedervereinigung nur im Gleichschritt mit einer tieferen Vereinigung Europas denkbar sei. Dafür war Kohl zu erheblichen Zugeständnissen bereit. Gleichzeitig war dem französischen Präsidenten François Mitterrand wohl bewusst, dass Frankreich nur eine Weltmacht bleiben konnte, wenn es sich an Deutschlands Seite stellte. Allein war das Land dafür längst zu schwach. Diese beiden Ziele bildeten eine ideale Symbiose, um Europas Einigung voranzutreiben.

SCHMITZ: Helmut Kohl bezeichnete sich bisweilen als direkten Nachfolger von Adolf Hitler, schließlich sei er der erste Kanzler eines vereinigten Deutschlands gewesen. Haben Sie diese Last der historischen Verantwortung bei Ihren deutschen Gesprächspartnern gespürt?

SOROS: Ganz gewiss. Das Gefühl der historischen Schuld war in der damaligen Bonner Politikergeneration tief verwurzelt. Das erklärte ihre Bereitschaft, Deutschlands Interessen bei der europäischen Einigung häufig hintanzustellen – und ihr ehrliches Zögern, bloß keine dominierende Führungsrolle in Europa zu übernehmen. Ich glaube auch nicht, dass sich diese Einstellung in Deutschland grundlegend geändert hat. Auch heute wollen die Deutschen nicht den Rest des Kontinents dominieren. Was leider verschwunden ist, ist diese Selbstlosigkeit. In der Vergangenheit war Deutschland stets bereit, ein bisschen mehr zu geben, ein bisschen mehr zu zahlen, ein bisschen weniger hart zu verhandeln als die anderen EU-Staaten. Das hat den Prozess der Integration lange beflügelt. Aber damit ist es leider vorbei.

SCHMITZ: Wann hat sich die Einstellung in Deutschland geändert?

SOROS: In gewisser Weise war der Euro der Preis, auf dem Mitterrand für seine Zustimmung zur deutschen Einheit beharrte – und Kohl war bereit, diesen Preis zu zahlen. Als es dann aber um die Details der wirtschaftlichen Einigung zwischen Ost- und Westdeutschland ging, beschloss die Bundesregierung, die Währungsunion im Verhältnis 1:1 durchzusetzen. Das war eine sehr, sehr kostspielige Entscheidung, denn die Wirtschaft im Osten erwies sich als weit weniger wettbewerbsfähig, als irgendjemand erwartet hatte. Also stiegen die Staatsschulden in Deutschland rasant an. Die deutschen Politiker wurden schlicht sparsamer, sie begannen, genauer auf ihre Ausgabenpolitik zu achten. Sie zeigten nicht mehr jene legendäre Großzügigkeit, die auf europäischer Ebene lange so hilfreich gewesen war.

SCHMITZ: Wenn Sie sagen, dass der Euro der Preis für die Wiedervereinigung war: War dieser Preis dann im Rückblick zu hoch?

SOROS: Natürlich war mir von Anfang an klar, dass die Struktur der Euro-Zone unvollständig war – es war eine Währungsunion ohne eine politische Union. Die Europäer hatten plötzlich eine Zentralbank, aber noch immer kein gemeinsames europäisches Finanzministerium. Ich glaube, diese Schwächen hat jeder gescheite Beobachter damals gesehen. Dennoch zählte ich zu den großen Förderern des Euro-Projekts. Schließlich war die Einführung der gemeinsamen Währung immer als Schritt hin zu einer tieferen politischen Integration angelegt. Und die Europäische Union ist stets in kleinen Schritten vorangegangen, »piecemeal engineering«, wie es der von mir verehrte Karl Popper genannt hat. Die Einführung des Euro war aus meiner Sicht einer dieser notwendigen kleinen Schritte auf dem Weg zum politisch vereinten Europa.

SCHMITZ: Timothy Garton Ash schrieb in *Foreign Affairs*, der friedliche Einigungsprozess in Europa sei mit der Einführung des Euro aus der Spur geraten, wegen der großen Mängel der Währungsunion. Stimmen Sie zu?

SOROS: Ich habe das damals nicht so gesehen, denn ich war fest davon überzeugt, dass Europa den nächsten Reformschritt einleiten würde, sobald die unvollständige Struktur der Währungsunion Probleme bereitet. So ist es ja in der Geschichte der europäischen Einigung immer gewesen, daher machte ich mir keine großen Sorgen.

SCHMITZ: Und wann fingen Sie an, sich Sorgen zu machen?

SOROS: Wirklich erst nach dem Ausbruch der Weltfinanzkrise. Diese Krise hat die Schwächen des europäischen Bankensystems brutal offengelegt, und ich hatte den Eindruck, dass die staatlichen Aufsichtsbehörden dies nicht begriffen. Die Architekten des Euro glaubten, dass der private Sektor immer seine eigenen Versäumnisse beheben könne und Exzesse oder Ungleichgewichte nur im öffentlichen Sektor denkbar seien. Der Fiskalpakt im Maastricht-Vertrag ignorierte den Privatsektor völlig und beschränkte sich auf Vorgaben für Staatshaushalte. Das war ein schwerer Fehler, denn die jüngste Weltfinanzkrise wurde schließlich durch Exzesse im Privatsektor verursacht. Und weil das Finanzsystem weltweit mittlerweile so eng verknüpft ist, litten europäische Banken darunter sogar stärker als amerikanische Institutionen.

SCHMITZ: Wie haben denn Ihre Kollegen in den USA den Euro bewertet, als er eingeführt wurde?

SOROS: Natürlich gab es kritische Stimmen, aber der Euro wurde von ihnen durchaus ernst genommen und akzeptiert. Niemand von uns, ich nehme mich da gar nicht aus, erkannte die verhängnisvollste Schwäche der Währungsunion – nämlich dass EU-Mitgliedsstaaten an die Europäische Zentralbank das Recht abtreten, Geld in ihrer eigenen Währung zu drucken. Das hieß, sie mussten sich künftig Geld in einer Währung leihen, die sie nicht selbst kontrollierten. Die Kontrolle erfolgte durch die Euro-Gruppe, nicht durch die einzelnen Staaten. Sie fanden sich also auf einmal in derselben Lage wieder wie Drittweltstaaten, die sich Geld in Dollar oder Euro leihen müssen. Und damit standen sie auf einmal vor einem möglichen Staatsbankrott. Dieser Bankrott ist niemals eine Option, solange die nationale Notenbank die Geldpresse anwerfen kann, um Rechnungen zu begleichen oder Zinsen zu bezahlen. Das Risiko, wenn diese Option nicht mehr besteht, ignorierten sowohl die Aufsichtsbehörden als auch die Finanzmärkte.

SCHMITZ: Erinnern Sie sich an Gespräche mit Investoren, die dieses Risiko früher und deutlicher sahen?

SOROS: Na ja, theoretisch sahen wir das Problem wohl alle. Aber praktisch hielten wir es schlicht nicht für relevant. Die Europäische Zentralbank stufte schließlich Staatsanleihen aller Mitgliedsstaaten gleich ein, und die europäischen Bankbehörden deklarierten sie als risikofrei. Also mussten kommerzielle Banken kein eigenes Kapital beiseitelegen, wenn sie solche Staatsanleihen in ihren Bilanzen führten. Daraus entwickelte sich ein pervers zu nennender Anreiz für Geschäftsbanken, immer mehr Staatsanleihen zu kaufen, gerade von wirtschaftlich instabilen Ländern, weil diese höhere Zinsen brachten. Danach konnten sie diese Staatsanleihen zur Europäischen Zentralbank transferieren und dafür in vollem Umfang Kredite aufnehmen. Weil die Behörden diese Staatsanleihen als risikolos einstuften, war der Kreditfluss so gut wie unbegrenzt. Also näherten sich die Zinsraten der verschiedenen Staatsanleihen in Europa immer mehr an – und alles schien sicher, solange die EZB mitspielte.

SCHMITZ: Also witterte die internationale Finanzgemeinde keine lukrative Spekulationsmöglichkeit, als der Euro eingeführt wurde? Etwa Wetten gegen den Euro, wegen der Schwächen der europäischen Währungsunion, die Sie erwähnten?

SOROS: Nein, gar nicht. Wie auch? Als der Euro an Glaubwürdigkeit gewann, begannen die Zentralbanken schließlich, ihre Reserven verstärkt in Euro umzuschichten. Also war dieser bald eher überbewertet, eine neue Währung lockt ja stets Käufer an.

SCHMITZ: Wir haben über die historischen Wurzeln der europäischen Einigung gesprochen. Glauben Sie, dass Politiker wie Helmut Kohl oder Helmut Schmidt die aktuelle Krise anders angepackt hätten als etwa Angela Merkel, die den Hintergrund der Kriegserfahrung nicht vorweisen kann?

SOROS: Ja, das denke ich. Und dieser Unterschied hätte sich in wenigen, aber entscheidenden Momenten gezeigt. Als die Weltfinanzkrise ausbrach, kam es darauf an, die Märkte zu überzeugen, dass die Politik nicht noch eine weitere Bank pleitegehen lassen würde, die sich als systemrelevant erwies. Als kurz nach Ausbruch der Euro-Krise die EU-Finanzminister eine Konferenz des Internationalen Währungsfonds in Washington früher verließen, um sich in Paris zu treffen, gaben sie gemeinsam eine solche Garantie ab. Kurz darauf betonte Merkel, dass jedes Land einzeln haften werde, nicht die Europäische Union gemeinsam. Damit unterminierte sie aber die gerade gegebene kollektive Garantie schon wieder. Politisch muss man ihr zu diesem Schritt gratulieren. Merkel hatte verstanden, dass die deutsche Öffentlichkeit so eine breite Garantie ablehnte, weil sie nicht mehr für Europa zahlen und das deutsche Geld lieber zusammenhalten wollte. So gewinnt man Wahlen.

SCHMITZ: Und Machtmensch Kohl hätte weniger auf die öffentliche Meinung geachtet?

SOROS: In diesem Punkt schon, glaube ich. In außenpolitischen Fragen hat er sich mehrfach gegen die öffentliche Meinung gestellt, denken Sie nur an die Einführung des Euro. Kohl hätte wahrscheinlich genau das Gegenteil getan und das Euro-Projekt auf die nächste Stufe gehoben, indem er die Schulden der einzelnen Staaten in Euro-Bonds umgewandelt hätte. Das hätte die Märkte dauerhaft beruhigt. Nach Merkels Aussagen kehrte zwar kurz Ruhe ein, doch sehr bald fanden die Investoren heraus, was nicht stimmte: dass nämlich unter diesen Umständen EU-Mitgliedsstaaten pleitegehen können, weil sie nicht über genug Mittel verfügen, um ihre Banken mit gewaltigen Garantien zu stützen. Merkels Zurückrudern war vermutlich der folgenschwerste Fehler der gesamten Euro-Krise.

SCHMITZ: Glauben Sie, die Kanzlerin handelte so, weil sie Europa nicht mehr als eine Frage von Krieg und Frieden sieht?

SOROS: Da muss man unterscheiden. Merkel hat schon bekräftigt, dass Deutschland am Euro festhalten will. Gleichzeitig hat sie aber klargemacht, dass Deutschland höchstens das Minimum tun wird, um den Euro zu bewahren. Das ist ein innerer Widerspruch. Man kann nicht eine Bestandsgarantie für den Euro abgeben und dann so wenig Verpflichtungen wie möglich eingehen.

SCHMITZ: Wir werden Für und Wider der deutschen Sparvorgaben später im Buch diskutieren. Dessen ungeachtet verstößt eine einzelne Nation, die so klar den Kurs vorgibt, doch gegen den europäischen Gedanken, der auf Kooperation, nicht auf Dominanz angelegt war?

SOROS: Und das schafft gleich zwei Probleme, ein politisches und ein finanzielles. Das politische ist offensichtlich: Die Europäische Union war als Zusammenschluss gleichberechtigter Staaten angelegt, doch heute bestimmen die Gläubigerstaaten über die Schuldnerstaaten. Sie können deren Politik beeinflussen und vorgeben. Und das finanzielle Problem liegt im extremen Sparkurs, auf dem die Gläubigerstaaten beharren – obwohl es mitten in einer Wirtschaftskrise genau die falsche Medizin ist. Europa braucht Konjunkturpakete und mehr öffentliche Ausgaben, um Wachstum zu schaffen und dadurch Schulden abzubauen. Gerade wenn Europa eine seiner größten Errungenschaften, das soziale Netz, dringend bräuchte, wird es zerschnitten. Das ist verrückt.

SCHMITZ: »Mehr Europa« stand in der Vergangenheit stets für mehr wirtschaftlichen Fortschritt, insbesondere in den ärmeren Ländern des Kontinents. Nun verbinden viele Menschen damit Austerität, Arbeitslosigkeit, Abbau.

SOROS: Ich würde sogar noch weiter gehen: Viele Menschen verbinden damit Stagnation und verlorene Jahre, womöglich sogar Jahrzehnte. Genau diese Sorge treibt mich um: dass der am meisten entwickelte Kontinent der Welt sich zurückentwickelt. Am traurigsten aber ist, dass diese Entwicklung stets als unvermeidlich beschrieben wird – obwohl es doch Auswege gäbe. Mir kommt das Ganze wie ein Alptraum vor, in dem man sich gefangen glaubt, obwohl man leicht entkommen könnte.

SCHMITZ: Man muss nur aufwachen?

SOROS: Die Europäer müssen begreifen, dass die Regeln, unter denen sie operieren, sich als verhängnisvoll falsch herausgestellt haben. Ich habe mich sehr lange mit dem

Thema beschäftigt und glaube, dass gleich zwei Lösungsansätze besser wären als der Status quo. Eine Möglichkeit – die bessere – wäre, dass Deutschland seine derzeitige Dominanz akzeptiert und auch die Verantwortung, die damit einhergeht. Das Land müsste ein wohlwollender, ein großzügiger Hegemon werden, so wie die Vereinigten Staaten nach dem Zweiten Weltkrieg. Die Alternative wäre, dass Deutschland den anderen Staaten die Abnabelung erlaubt, indem es die Euro-Zone verlässt. Das wäre ein großer Schock für Deutschland, aber eine große Erleichterung für den Rest des Kontinents. Beide Optionen werden jedoch so gut wie nicht diskutiert. Und deswegen droht Europa eine lange Phase der Stagnation, die auf Dauer unerträglich werden wird.

SCHMITZ: Was bedeutet das für Europas Zukunft?

SOROS: Man muss auf Dauer den Euro von der Idee einer Europäischen Union trennen und begreifen, dass der Euro ein Mittel zum Zweck ist, nicht ein Zweck an sich. Wir müssen die EU als eine offene Gesellschaft bewahren: demokratisch, und mit einem Wohlfahrtsstaat ausgestattet, in dem Schwache Schutz genießen.

SCHMITZ: Wie soll das geschehen? Eine grundlegende Änderung der Europäischen Verträge – oder der Struktur der Währungsunion – hat derzeit wenig Rückendeckung.

SOROS: Im Moment scheint so ein Schritt nur schwer vorstellbar, weil jede Änderung zu stärkerer politischer und wirtschaftlicher Integration führen müsste. Und das wollen viele Mitgliedsstaaten nicht mehr. Wir müssen aber nach einer europäischen Lösung suchen statt nach vielen nationalen, denn sonst zerplatzt der Traum einer Europäischen Union. Wir müssen uns wieder an die historischen Wurzeln des Projekts erinnern, diesen Geist der Solidarität und Kooperation. Und diesen Prozess muss Deutschland als stärkste Macht in Europa anstoßen. Sollte ich es schaffen, die Deutschen ein wenig aufzurütteln und ihr Verhalten zu beeinflussen, wäre das die krönende Leistung meines Lebens.

KAPITEL 2

»Leiden reinigt«

Die Mythen der Krise

»Tout est langue«, sagen die Franzosen, letztlich hängt alles von der Sprache ab. Diesen Satz könnte man auch auf die Euro-Krise anwenden, in der die Staatsvertreter innerhalb der Europäischen Union ständig aneinander vorbeizureden scheinen – woran keineswegs nur die Sprachgrenzen des Staatenbundes Schuld tragen. Vielmehr ist diese Sprachverwirrung Ergebnis einer Debatte, die nicht mehr allein von der Unterscheidung nach wahr und falsch geprägt wird, sondern von einer leichtfertigen Einteilung in moralisch richtiges und moralisch falsches Handeln.

Wer den aktuellen Europa-Diskussionen gerade in Deutschland lange genug zuhört, dem bietet sich folgendes Bild: Die Europäische Union, angelegt als ein Zusammenschluss souveräner Nationen, ist mittlerweile aufgeteilt in eine Reihe von Sündern, die für ihr verwerfliches Handeln bestraft werden müssen, wohingegen eine kleine Zahl moralisch tadelloser Staaten, allen voran natürlich die Bundesrepublik, verständlicherweise die Geduld verliert, sich weiterhin ausnutzen zu lassen.

Dass diese Krisenanalyse insbesondere im deutschen Sprachraum weit verbreitet ist, hat Geert Mak in seinem klugen Buch *Was, wenn Europa scheitert* treffend analysiert: »Bezeichnend ist die Tatsache, dass fast jede europäische Sprache andere Wörter für finanzielle Verpflichtungen und moralische Verantwortlichkeiten hat. Die Briten etwa machen einen Unterschied zwischen *guilt*, Schuld, und *debt*, finanziellen Verpflichtungen, die Franzosen zwischen *dette*, Geldschuld, und *faute*, Fehler, Vergehen. Nur bei uns Niederländern und Deutschen ist Schuld Schuld, immer ein Fehler und daher ein moralisches Problem.«

Dieses kategorische Denken erinnert Ulrich Beck an das protestantische Arbeitsethos: »Leiden reinigt«, so heißt es wieder einmal in Deutschland angesichts der Debatte über notwendige Struktur- und Sparmaßnahmen. Der Weg durch die Hölle, spottet Beck, führe nach deutscher Einschätzung offenbar unmittelbar zur himmlischen Erlösung, nur dass diese heute in Gestalt eines wirtschaftlichen Aufschwungs erfolge.

Der Hochmut Deutschlands gegenüber den Krisenstaaten basiert aber auf einer Reihe von falschen Annahmen:

MYTHOS 1: DEUTSCHLAND IST DAS OPFER DER EURO-KRISE

Wer den deutschen Spitzenpolitikern in der Euro-Krise die fehlende Kommunikation einer Vision für das Europa der Zukunft vorwirft, unterschlägt ein weit größeres Versäumnis: Angela Merkel und ihr Kabinett haben es geradezu fahrlässig unterlassen, die deutsche Öffentlichkeit an den ökonomischen Nutzen der Euro-Zone für die Bundesrepublik zu erinnern, der sich sogar in der Krise zeigt.

Dabei scheint dieser völlig klar. Allein im vergangenen Jahrzehnt hat sich der deutsche Handelsüberschuss im Verhältnis zur Wirtschaftsleistung auf einen Wert von rund 6 Prozent eingependelt, während er in Ländern wie Italien, Griechenland, Portugal und Spanien negative Werte aufweist. Natürlich ist unbestritten, dass die strikten heimischen Reformen – oftmals gegen großen öffentlichen Widerstand durchgesetzt – erheblich zu diesem Aufschwung beigetragen haben. Zwischen 2000 und 2012 sind die Durchschnittslöhne in Deutschland um 1,8 Prozent gesunken, im Jahrzehnt zuvor betrug der Anstieg noch 6 Prozent. Doch die Reformen allein genügen nicht als Erklärungsansatz. Deutschlands aktuelle Stärke gründet auf strukturellen Vorteilen, was beispielweise dem ehemaligen Bundeskanzler Gerhard Schröder durchaus bewusst war. In einem Gespräch mit David Marsh offenbarte er im Jahr 2007: »Da sich die deutsche Wettbewerbsfähigkeit erhöht hat, steht Deutschland nicht schwächer, sondern stärker da … auf gewisse Weise ist dies logisch und auch unabdingbar, denn wir sind die stärkste Volkswirtschaft in Europa – und die anderen dürfen nicht mehr abwerten.«

Auch der deutschen Industrie ist der Segen der Euro-Zone früh klar geworden, sie gehörte deshalb auch zu den entschiedensten Befürwortern einer Gemeinschaftswährung. »Daimler konnte nun mit Fiat konkurrieren, ohne sich Sorgen machen zu müssen, dass eine schwache Lira den Italienern einen Vorteil innerhalb Europas oder im Rest der Welt verschaffen würde. Der Vorteil für deutsche Firmen war enorm, schließlich machen Exporte in die Euro-Zone rund die Hälfte aller ihrer Exporte aus«, beschrieb das US-Magazin *Time* im Sommer 2013 die Vorteile des neuen Währungsarrangements für die starke deutsche Exportindustrie. Zugleich sorgte dieser Turbo für die deutsche Wirtschaft aber dafür, dass die deutschen Überschüsse nach Anlagemöglichkeiten suchten – und so die Kreditblase in den Peripheriestaaten erst möglich machten.

Der in Amerika lehrende Ökonom Jörg Bibow kommt zu folgendem Fazit: Niedrige deutsche Löhne waren das zentrale Problem der Euro-Krise, nicht die Ausgabenlust der südlichen EU-Staaten. Deutschland wurde schlicht so wettbewerbsfähig, dass die Kluft in Europa unüberwindbar wurde. Den Überschuss musste Deutschland anlegen – und suchte sich dafür die hohe Rendite versprechenden Märkte der gegenwärtigen Krisennationen. Wie ungeschickt und leichtsinnig es dabei vorging, beschrieb die *Frankfurter Allgemeine Zeitung* so: »Das Deutsche Institut für Wirtschaftsforschung hat ausgerechnet, dass die Vermögensverluste Deutschlands sich allein in den Jahren 2006 bis 2012 auf 600 Milliarden Euro summieren … Ob Filmfonds in Hollywood, Goldminen in Kanada oder Containerschiffe auf den Weltmeeren: Schon lange lacht das Ausland über deutsches Geld. Am Ende heißt es immer: Der andere hat das Geld – und der hiesige Anleger ist um eine Erfahrung reicher.«

Doch anders als in der aktuellen Diskussion gerne dargestellt, waren keineswegs besorgte Warnungen aus Deutschland zu vernehmen, als deutsche Banken sich einen Wettlauf um die höchsten Verbindlichkeiten lieferten. Zwischen 2003 und 2007, in gerade einmal vier Jahren, importierte das irische Bankensystem mehr als die Hälfte seines Bruttoinlandsprodukts (BIP) in Verbindlichkeiten, schreibt der BBC-Jounalist Gavin Hewitt in seinem Buch *The Lost Continent.* Unter den wichtigsten Lieferanten: deutsche Banken, die für mehr als 200 Milliarden Euro an Krediten verantwortlich zeichneten. Geert Mak findet für dieses Vorgehen harte Worte: »Die deutschen Banker, die zu Hause den finanziellen Moralapostel geben, führten sich auf den internationalen Märkten auf wie ein enthemmter Spießbürger in einem Kasino: 21 Milliarden verzockten sie bei isländischen Luft-Banken, 47 Milliarden bei irischen Banken und deren Immobilienblase, 60 Milliarden mit verseuchten US-Hypotheken und 65 Milliarden in Griechenland, obwohl jeder wusste, dass dort nicht einmal das Steuersystem funktioniert.«

Ähnlich wie in Irland lief es in Griechenland oder in Spanien. In Athen sollen nach Schätzungen von Marktkennern zeitweise mehr Geländewagen deutscher Herstellung unterwegs gewesen sein als in jeder anderen europäischen Hauptstadt, und in Spanien entstanden im Jahr 2006 mehr neue Apartmenthäuser als in Großbritannien, Deutschland, Frankreich und Italien zusammen, oftmals befeuert durch deutsche Kredite und verwirklicht mit deutschem Baugut. Die Nachfrage nach Luxusprodukten made in Germany stieg derart an, dass der amerikanische Ökonom Adam Posen feststellte: »Es war, als ob Deutschland ein Betrugssystem für sich selbst betrieben hätte.«

Deutsche und französische Banken, das war auch Kanzlerin Merkel bei der Bestandsaufnahme rasch klar, hatten in den Jahren vor dem Platzen der Kreditblase beinahe eine Billion Euro an Griechenland, Spanien, Italien, Irland und Portugal verliehen. Dass ein großer Teil dieses Geldes die schwierigen politischen Strukturen dieser Staaten eher bewahrte, statt notwendige Reformen voranzutreiben, kann deutschen Politikern nicht entgangen sein. Schließlich drängte Angela Merkel noch zu einem Zeitpunkt, als Griechenland bereits vor dem Staatsbankrott stand, darauf, dass das Land seine Verpflichtungen gegenüber deutschen Rüstungsfirmen auf jeden Fall begleichen sollte. »Griechenland hat keine amerikanischen Panzer gekauft, sondern deutsche und französische U-Boote und Fregatten. Solange es sich in Schulden gestürzt hat, um unseren deutschen und französischen Unternehmen Aufträge zu geben, hatten wir keine Probleme damit. Als die Euro-Zone Griechenland im April 2010 Geld geliehen hat, haben Angela Merkel und Nicolas Sarkozy der Regierung Papandreou zu verstehen gegeben, dass die Verträge mit deutschen und französischen Rüstungskonzernen zu respektieren seien«, notieren Guy Verhofstadt und Daniel Cohn-Bendit in ihrer Analyse der Euro-Krise.

Im Prinzip lieh der Steuerzahler also Geld an die Griechen, um deutsche Rüstungskonzerne zu befriedigen –

beziehungsweise die deutschen Banken. Wie der SPIEGEL ausrechnete, genehmigte die EU-Kommission seit 2008 fünf Billionen Euro an Hilfen für den Finanzsektor, das entspricht 40 Prozent der europäischen Wirtschaftsleistung. Deutschland stellte 646 Milliarden Euro für seine Kredithäuser bereit, private Gläubiger der Banken mussten hingegen kaum Geld zuschießen. Nach dem Zocker-Boom privater Anleger wurden die Aufräumarbeiten also auf den Staat abgewälzt. Irland, ein Land mit gerade einmal 4,5 Millionen Einwohnern, häufte Staatsschulden in Höhe von 106 Milliarden Euro an, die zum großen Teil an ausländische Banken flossen und nicht etwa an die eigenen Bürger. Die Gewinne waren national angefallen, die Verluste wurden nun sozialisiert.

Kurz gesagt: Ähnlich wie einst die US-Banken an der Wall Street in den Jahren vor dem Ausbruch der Weltfinanzkrise zockten deutsche Banken mit hohem Einsatz und Gewinn. Als das europäische System, das unter solchen Ungleichheiten dauerhaft nicht aufrechtzuerhalten war, zusammenbrach, sorgten auch sie dafür, dass ein beträchtlicher Teil der Verluste vom Steuerzahler ersetzt oder zumindest abgesichert wurde.

Doch damit nicht genug: Die Deutschen profitierten sogar von der Krise, weil das Land sich nun besonders günstig Geld leihen konnte und weniger für den Schuldendienst ausgeben musste, wie Geert Mak vorrechnet: »Der deutschen Wirtschaft geht es heute um etwa 25 Prozent besser als vor fünf Jahren, und das nicht nur, weil die Deutschen so brav und fleißig sind, sondern vor allem aufgrund der Krise in anderen europäischen Ländern. Das Land hat, nach Schätzungen des Instituts für Weltwirtschaft, an der Krise 100 Milliarden Euro verdient.«

MYTHOS 2: DIE KRISE IST VOR ALLEM GRIECHISCHEN BETRÜGERN, SPANISCHEN BAUSÜNDERN UND ITALIENISCHEN LEBENSKÜNSTLERN ANZULASTEN. DIE EUROSTRUKTUR WEIST KEINEN SYSTEMFEHLER AUF.

Für die Deutschen ist die Welt bisweilen erstaunlich simpel: Kanzlerin Merkel sagte auf dem Höhepunkt der Euro-Krise, die jüngste Rezession habe sich ereignet, weil der Rest von Europa nicht ähnliche Reformen eingeleitet habe wie Deutschland. Diese Analyse wiederholte sie sinngemäß nur einen Tag nach der Bundestagswahl im September 2013. »Was wir in Deutschland geschafft haben, das können auch alle anderen schaffen«, diktierte die Christdemokratin der versammelten europäischen Presse. Vorbild Deutschland – dieses Diktum wird in deutschen Medien oft noch weniger diplomatisch vorgetragen. »Wir sind besser als die anderen«, resümierte *Bild*-Kolumnist Hugo Müller-Vogg in einem Kommentar zur Lage in der Euro-Zone.

Dass die Wirtschaftsleistung der Mitgliedsstaaten innerhalb der Europäischen Union auseinanderklafft, will niemand ernsthaft bestreiten. »Die zwölf neuen Euro-Staaten haben ihre Verschuldung in den fünf Vorbereitungsjahren des Euro – allen Absichtserklärungen von

Maastricht zum Trotz – um mehr als 600 Milliarden Euro nach oben getrieben. Sie sind Ende 2002 mit zusammen 4,9 Billionen Euro verschuldet, Italien allein mit 1,3 Billionen«, rechnete der SPIEGEL nüchtern vor.

Ebenso legitim ist es, auf frappierendes politisches Versagen in beinahe allen Ländern hinzuweisen, die heute um ihr finanzielles Überleben fürchten müssen. Die Belege hierfür sind bereits zahlreich zitiert worden, sodass einige kursorische Exempel an dieser Stelle genügen sollen: Italienische Parlamentarier gönnten sich Diäten in Höhe von 16 000 Euro im Monat, mehr als doppelt so viel wie deutsche Bundestagsabgeordnete. Kaum überraschend, dass Silvio Berlusconi umgehend eine Reform des maroden Pensionssystems seines Landes wieder aufhob, als die Europäische Zentralbank während der Krise den Ankauf italienischer Regierungsanleihen beschloss. »In Italien fehlt der positive Bezug zum Staat als Sachwalter des Allgemeinwohls, den es in unterschiedlicher Ausprägung sowohl in Deutschland als auch in Frankreich und Großbritannien gibt«, schreibt Dominik Geppert hierzu. Die Regierung gelte den Italienern als feindselig, raffgierig und von fremden Mächten beherrscht. Der Staat, so hat es Christiane Liermann Traniello vom Deutsch-Italienischen Zentrum Villa Vigoni formuliert, das seien in Italien »immer die anderen«.

Griechische Politiker ließen zu, dass der Arbeitsmarkt ihres Landes nicht weniger als 140 »geschlossene Berufe« kannte, also Gewerbe, die nur gegen hohe Abschlagszahlungen und absurde Auflagen ausgeübt werden konnten.

Wer in Athen als Taxifahrer arbeiten wollte, musste für eine Lizenz die abenteuerliche Summe von bis zu 150 000 Euro aufbringen.

In Frankreich wiederum ließen Politiker die öffentlichen Schulden von 64 Prozent des Bruttoinlandsprodukts im Jahr 2006 auf 90 Prozent im Jahr 2012 hochschnellen. Das Land, dessen Arbeitskosten vor Einführung des Euro niedriger lagen als die deutschen, hat seither 25 Prozent Wettbewerbsfähigkeit gegenüber Deutschland eingebüßt, wie Gavin Hewitt schreibt.

Solche simplen Beispiele mögen einen Teil der Wahrheit widerspiegeln und die Einordnung der Realität erleichtern – sie geben jedoch höchst selten die ganze Lage korrekt wieder. Sicher, man kann staatliches Versagen und Versäumnisse von Politikern und Staatsbürgern als Ursache der Euro-Krise nicht ausklammern. Wer diese jedoch als alleinige Erklärung propagiert, ignoriert strukturelle Schwächen, die erst den Grundstein dafür legten, dass die besagten Fehler zur Euro-Krise beitragen konnten.

Schließlich wuchs in der Euro-Zone, um den Ausspruch von Willy Brandt über die deutsche Wiedervereinigung abzuwandeln, in gewisser Weise zusammen, was nicht zusammengehört. Kaum jemand hat diesen Prozess so präzise beschrieben wie David Marsh. In seiner Analyse der Euro-Krise unterteilt er die Gründungsmitglieder der Währungsunion in zwei Kategorien: »Im ersten Segment die Länder mit niedrigen Wirtschaftsraten und niedrigen Inflationsraten, deren Binnenwirtschaftskraft durch die von der EZB festgelegten, als relativ hoch empfundenen Zinssätze in den ersten Jahren gedrosselt wurde. Konsequenterweise wurden von diesen Ländern bei zunehmender Wettbewerbsfähigkeit immer mehr Ressourcen in die Exportwirtschaft verlagert. Im zweiten Segment: die relativ inflationären Länder mit anfänglich hohen Wachstumsraten. Für diese Kategorie waren die EZB-Zinssätze zu niedrig, ein Zustand, der bei sinkender Kostengünstigkeit zur Überhitzung der Binnenwirtschaft und zur Vernachlässigung der Exporte führte.«

Ähnlich negativ beschreibt Paul Krugman im *New York Times Magazine* die unglücklichen Startvoraussetzungen der Euro-Zone, gerade im Vergleich zu den Vereinigten Staaten von Amerika, die seit rund zwei Jahrhunderten die erfolgreichste Währungsunion der Weltgeschichte praktizieren. Amerika habe eine funktionierende Währungsunion, weil diese »mit einer ganzen Nation zusammenfällt – einer Nation mit einer großen zentralen Regierung, einer gemeinsamen Sprache und Kultur«. Europa habe nichts dergleichen, weshalb die Aussichten einer solchen Währungsunion von Anfang an zweifelhaft gewesen seien.

Auch der belgische Wirtschaftsjournalist Johan van Overtveldt führt in seinem Buch *The End of the Euro* glänzend aus, dass die Unterschiede bei den Voraussetzungen für eine Währungsunion zwischen den Vereinigten Staaten von Amerika und Europa erheblich sind: »Die USA kannten erhebliche Mobilität von Arbeitnehmern und Kapital lange vor der Währungsunion – und noch heute sind die Arbeitsmärkte und Löhne weniger streng geregelt als innerhalb der Euro-Zone. 2,5 Prozent der US-Arbeitnehmer ziehen dauerhaft zwischen US-Bundesstaaten um. In der Euro-Zone gilt dies nur für 0,1 Prozent, schon allein aufgrund der Sprachgrenzen. Das erlaubt den USA, externe Schocks besser abzumildern, weil arbeitslos gewordene Arbeitnehmer leichter in andere Regionen des Landes leichter ausweichen können, während sie in Europa meist arbeitslos bleiben. Nicht zu vergessen: In den USA kam zunächst die politische Union, danach die Währungsunion. In Europa sollte es genau umgekehrt sein. Das ist das Struktuproblem, nicht die Mehrausgaben einzelner Länder.«

Tatsächlich konnten flexible Wechselkurse in der europäischen Währungsunion nicht mehr als Ausgleich zwischen der Wettbewerbsfähigkeit oder der unterschiedlichen Nachfrage nach Exporten eines Landes funktionieren, sie waren dort nicht mehr vorgesehen. Was aber sollte an ihre Stelle treten? Es blieben nur Lohnanpassungen. Doch diese entwickelten sich in den Mitgliedsstaaten in unterschiedliche Richtungen, wie Dominik Geppert ausführt: »Wie aus Berechnungen der EU-Kommission und des Wirtschafts- und Sozialwissenschaftlichen Instituts (WSI) der Hans-Böckler-Stiftung hervorgeht, stand Deutschland in den Jahren 2000 bis 2008 mit einem Wachstum von 0,8 Prozent bei den realen Lohnkosten am Ende der Entwicklung innerhalb der Euro-Zone. In Griechenland gab es mit 39,6 Prozent die stärkste Steigerung der Reallöhne in den 15 ›alten‹ EU-Staaten, gefolgt von Irland mit 30,3 Prozent. Nirgendwo sonst in der EU wurde so viel Lohnzurückhaltung an den Tag gelegt wie in Deutschland, nirgendwo so wenig wie in Griechenland. Statt Wettbewerbsunterschiede zwischen den verschiedenen Ländern auszugleichen, wurden sie durch das Verhalten der Tarifpartner noch verstärkt.«

Geppert erinnert des Weiteren daran, wie groß die Abwertungen anderer Währungen gegenüber der D-Mark in den 20 Jahren vor Beschluss der Währungsunion gewesen waren: Der Franc wurde um 48 Prozent abgewertet, die spanische Peseta um 72,6 Prozent, die italienische Lira um 78 Prozent und die griechische Drachme gar um 92,5 Prozent. Seine Schlussfolgerung: »Beides zusammen, den Verzicht auf jede Aufwertung und zugleich die Aufrechterhaltung des Freihandels, kann die deutsche Industrie auf Dauer zu politisch und sozial akzeptablen Kosten nicht haben.« Paul Krugman kommt daher zu einer ganz anderen Wertung von Gut und Böse als die Meinungsführer in der laufenden Debatte. Die aktuelle Krise habe »wenig gemein mit den moralischen Erzählungen über Ausgabenwut und ihren Konsequenzen, die europäische Diskussionen bis heute bestimmt haben«, analysiert er. »Wenn es irgendwelche Bösewichte gab, dann waren es die Architekten des Euro, die alle Warnungen über die Schwächen des Systems beiseitegewischt haben.«

Und wer ließ sich, zumindest bis zum Ausbruch der Euro-Krise, am lautesten dafür feiern, zu diesen Architekten zu gehören? Richtig, die deutsche Regierung, die ganz erheblich dazu beitrug, dass aus politischen Erwägungen bei der Mitgliederbenennung der Euro-Zone »fragwürdige Schönheitsoperationen« (so die Formulierung des ehemaligen Bundesbankpräsidenten Hans Tietmeyer) gang und gäbe waren. Im Jahr 1993, kurz bevor über den Beitritt zum Euro-Raum entschieden werden sollte, betrug die belgische Staatsverschuldung 134 Prozent. Italiens Haushaltsdefizit lag bei 10 Prozent. Es war die Zeit der kreativen Buchführung, übrigens auch in Deutschland, wo die Bundesregierung das Gold der Bundesbank verkaufen wollte, um die Bilanzen zu schönen. Der Euro-Stabilitätspakt von Helmut Kohls Finanzminister Theo Waigel wurde zwar verabschiedet, nachdem aber der damalige französische Präsident Jacques Chirac gegen dessen Auflagen protestiert hatte, wurde er wieder aufgeweicht. Vor der heiklen Frage, wie Sanktionen gegen demokratisch legitimierte Regierungen seitens der Mitgliedsstaaten verhängt und durchgesetzt werden sollten, drückten sich die Gründerväter des Euro.

Die Euro-Schöpfer ließen des Weiteren zu, dass, hatte ein Land die Aufnahmekriterien »erfüllt«, die weitere Kontrolle seiner Entwicklung so gut wie unmöglich wurde. Zwar wurde mit Eurostat in Brüssel eine zentrale europäische Anlaufstelle für die Erfassung von Wirtschaftsdaten etabliert. Doch »das Einsammeln der Daten ist jedem EU-Land selbst überlassen, man vertraut einander unter Europäern«, höhnte der SPIEGEL, »in jedem Staat gibt es ein unabhängig agierendes Statistisches Amt, all das ist geklärt. Was nicht geklärt ist: Wenn die Daten in Luxemburg zusammenfließen und wenn Eurostat Verfehlungen feststellt, Überschreitungen – welche Ebene, welche Stelle, welches Gremium setzt Sanktionen durch?«

Kein Wunder, dass internationale Ökonomen das Beharren der deutschen Regierung, allein die Verantwortungslosigkeit einiger Mitgliedsstaaten habe zur Euro-Krise geführt, eher amüsiert bis verärgert zur Kenntnis nehmen. So beklagt der britische Finanzexperte Sony Kapoor, dass »das nicht passende Narrativ des ›faulen Südländers‹ öffentliche und private Diskussionen« bestimmt. Auch der Historiker Brendan Simms, der in *Europe. The Struggle for Supremacy* die Entwicklung der europäischen Mächte und ihr Verhältnis zueinander darstellt, sagt im Gespräch mit dem SPIEGEL: »Deutsche Politiker betonen in dieser Krise noch immer fast ausschließlich das Fehlverhalten der Länder an der Peripherie. Sie sehen eine Änderung dieses Verhaltens als Voraussetzung für eine Änderung der politischen Struktur der Union an. Dabei übersehen sie, dass dieses Fehlverhalten auch die Folge eines Designfehlers bei der Euro-Einführung ist, der dazu führte, dass die Peripherie mit neuem billigen Geld überschwemmt wurde … Meine Befürchtung ist, dass sich die deutsche Politik derzeit darin erschöpft, der Peripherie Bedingungen zu stellen, die diese nicht erfüllen kann.«

Eine derartige Konstellation – ein Land als strenger Lehrmeister, der dem Rest des Kontinents seine Vorgaben eintrichtert und die Euro-Zone zu einem ökonomischen Gefängnis macht, »mit Deutschland als Gefängniswart und der gemeinsamen Währung als Gitter«, wie Ross Douthat, Wirtschaftskolumnist der *New York Times*, schreibt – kann wohl kaum ein tragbares Modell für Europas Wiederaufbau sein.

Der *Economist* verglich die Euro-Zone im Jahr 2012 mit einem Patienten, der seinen Arzt verklagen könne, weil ihm die falsche Arznei verabreicht worden sei: »Der Sparkurs war zu heftig und falsch.«

Wie Patienten eines wenig verheißungsvollen Medikamentenexperiments müssen sich auch die Bürger in den betroffenen Nationen fühlen. Die Zahlen zur Jugendarbeitslosigkeit in Europa wecken Erinnerungen an die Lage jener arabischen Staaten, in denen sich im Jahr 2011 soziale Verzweiflung im Arabischen Frühling Bahn brach: Die Erwerbslosenrate von Menschen unter 24 Jahren hat in Griechenland 57 Prozent erreicht, in Spanien liegt sie bei 56 Prozent, in Italien bei 40 Prozent und in Portugal bei 37 Prozent; in der gesamten Euro-Zone beträgt sie immer noch erschreckende 24 Prozent. Das US-Magazin *Time* wies darauf hin, dass 10 Prozent der griechischen Schüler regelmäßig hungrig seien und in Spanien etwa zwei Millionen Menschen regelmäßig Suppenküchen frequentieren.

Von einem »Selbstmordpakt« spricht Wirtschaftsnobelpreisträger Joseph Stiglitz daher angesichts des kollektiv harten Sparkurses in Europa, und es ist deshalb nicht wirklich überraschend, wie isoliert Deutschland aufgrund seiner vermeintlich »alternativlosen« Politik inzwischen erscheint, und das weltweit. Selbst der Internationale Währungsfonds, über Jahrzehnte berüchtigt als Verfechter des »Washington Consensus« mit seinen harten Sparauflagen, hat mittlerweile eingestanden, den Schaden der staatlichen Sparpolitik und der Steuersenkungen für die griechische Volkswirtschaft unterschätzt zu haben. Das US-Magazin *Foreign Affairs* attackiert die »Austerity Delusion« beziehungsweise die deutsche Argumentation: »Befürworter der Sparpolitik glauben, dass öffentliche Sparsamkeit private Ausgaben nach sich ziehen wird. Aber jemand muss ausgeben, damit jemand anders sparen kann … und wenn ein Land durch die Reduzierung seiner Löhne wettbewerbsfähiger werden will, muss es umgekehrt ein anderes Land geben, das Geld für die Produkte des ersten Landes ausgeben will. Wenn alle Staaten gleichzeitig sparen und kürzen, wie es derzeit in der Euro-Zone der Fall ist, kann niemand die nötigen Ausgaben tätigen, um Wachstum zu produzieren.« Auch der Harvard-Ökonom Martin Feldstein schreibt, Deutschland sei in Europa mit China im Verhältnis zum Rest der Welt zu vergleichen: eine Exportnation, die davon lebe, dass andere Nationen ihre Produkte konsumieren.

MYTHOS 4: ES GIBT KEINE REFORMEN IN DEN EURO-KRISENSTAATEN

Klaus Regling, Chef des ESM, war etwas aufgebracht. Und dabei ging es nicht um griechische Schummeleien, italienische Ausflüchte oder französische Realitätsverweigerung. Nein, zur Debatte stand Deutschlands Weigerung, die Reformschritte der Krisenstaaten anzuerkennen. »Ehrlich gesagt fehlt mir manchmal das Verständnis dafür, dass in Deutschland diese Fortschritte der Antikrisenstrategie oft nicht wahrgenommen werden«, sagte Regling.

Tatsächlich hat beispielsweise Griechenland sein Haushaltsdefizit binnen vier Jahren um mehr als 13 Prozentpunkte vom BIP gesenkt; es steht damit in der Liste der Industrienationen an vorderster Stelle, was auch den SPIEGEL erstaunte: »Hätte Deutschland ähnlich radikal gestrichen, hätten die Finanzminister von Bund und Ländern sowie die Kämmerer der Kommunen seit 2009 auf rund 250 Milliarden Euro verzichten müssen.« Und Griechenland steht mit seinem Spar- und Reformeifer keineswegs allein da, wie das Magazin hervorhob: »In Portugal erleichterte die Regierung den Zugang zu bislang geschützten Berufen und strich Feier- und Urlaubstage. Spanien lockerte den Kündigungsschutz. In Griechenland kappte die Regierung den Mindestlohn um fast ein Viertel, für Jugendliche sogar um ein Drittel. Die Regierung in Rom hob das Rentenalter an.«

Freilich spielen diese Fortschritte und Reformen in der deutschen Debatte – auch während des Bundestagswahlkampfes 2013 – kaum eine Rolle. Sie werden genauso verschwiegen wie der Umstand, dass das Erlassen von Schulden gängige Praxis etwa in der Entwicklungspolitik ist, die die Bundesrepublik selbstverständlich akzeptiert, solange dafür Reformen für einen Neustart vereinbart werden. Die junge Bundesrepublik Deutschland kam nach dem Zweiten Weltkrieg wie bereits beschrieben ebenfalls in den Genuss großzügiger Schuldennachlässe – unter den Gläubigern: Griechenland.

Die Debatte über einen Schuldenerlass für Griechenland wird seit Jahren verschämt geführt, die möglichen Vorteile einer solchen Regelung für Deutschland werden selten genannt. Sollte eines der krisenbehafteten Länder seine Verbindlichkeiten nämlich nicht komplett zurückzahlen können, müsste die Europäische Zentralbank dessen Anleihen abschreiben. Und wer müsste dann für diese Verluste zu rund einem Viertel haften? Der deutsche Steuerzahler. Die Transferunion, vor der die Bundesregierung und allen voran Bundeskanzlerin Angela Merkel gerne warnt, ist über diese Behelfskonstruktion zumindest theoretisch längst Wirklichkeit geworden.

MYTHOS 5: DEUTSCHLAND BRAUCHT DEN EURO NICHT MEHR

Wer Präsentationen der neu gegründeten Alternative für Deutschland im Bundestagswahlkampf 2013 verfolgte, konnte den Eindruck gewinnen, es gelte ein zweites deutsches Wirtschaftswunder zu zelebrieren. Generell war aus Eurokritischen Kreisen immer wieder zu hören, deutsche Exporte seien mittlerweile beinahe so hoch wie die von Frankreich, Großbritannien und Italien zusammen und der Prozentsatz von Exporten in Länder außerhalb der Währungsunion steige beständig, während die Ausfuhren in andere Staaten der Euro-Zone fielen, auf nur noch rund 37 Prozent. Von solchen Zahlen ist es nicht mehr weit bis zur Schlussfolgerung, Deutschland brauche den Euro nicht mehr und werde nach einer Aufgabe der Währung aufblühen. Schließlich habe Deutschland, so die Anhänger dieser Theorie, längst andere globale Wachstumsmärkte erschlossen, auch die Rückkehr zur D-Mark wäre für die starke deutsche Exportwirtschaft daher leicht zu verkraften.

Industrielle verfolgen diese Gedankenspiele mit Schrecken: Peter Löscher, bis 2013 Vorstandschef von Siemens, graut vor einem derartigen Szenario: »Europa hat nicht nur Frieden geschaffen«, warnte er im *Tagesspiegel,* »Europa ist auch ein Wohlstandsmotor. Seit der Euro besteht, sind Millionen neuer Arbeitsplätze entstanden.« Die deutsche Wirtschaftsleistung ist schließlich extrem exportabhängig geworden, erinnert der *Economist*: »Die unterlassene Aufwertung hat besonders die deutsche Industrieproduktion in Richtung Exportmärkte gesteuert. Zu Beginn der Währungsunion betrug der Anteil des Exports (Waren und Dienstleistungen) am Bruttoinlandsprodukt 33,4 Prozent, im Jahr 2011 belief er sich auf 50,1 Prozent. Selbst wenn schwer transferierbare und hoch spezialisierte Bereiche wie Forschung und Entwicklung trotz der wahrscheinlichen extremen Aufwertung der wieder eingeführten D-Mark in Deutschland verblieben, würden andere Bereiche garantiert das Land verlassen – etwa die Produktion. Diese bilden heute aber weitgehend das Rückgrat der deutschen Mittelschicht, also könnte deren Abwanderung die Euro-Krise zu einer Klassenfrage werden lassen.«

Die Bertelsmann-Stiftung hat in einer Studie im April 2013 errechnet, dass eine Rückkehr zur D-Mark das Land in den nächsten 13 Jahren fast 1,2 Billionen Euro Wirtschaftswachstum kosten und das Bruttosozialprodukt zwischen 2013 und 2025 im Schnitt um einen halben Prozentpunkt senken würde. Ein solcher Schaden wäre keineswegs kurzfristig.

MYTHOS 6: DEUTSCHLAND STEHT GLÄNZEND DA, UND DAS WIRD AUCH SO BLEIBEN

Ähnlich fehlgeleitet ist die Annahme, Deutschlands Aufschwung sei dauerhaft und aus der derzeitigen Besserstellung lasse sich eine stetige Vorrangstellung ableiten. Die Zahlen sprechen dagegen: Deutschlands derzeitiger Wohlstand ist im wahrsten Sinne des Wortes teuer erkauft – und weder sonderlich inklusiv noch nachhaltig angelegt.

Laut einer OECD-Studie im Dezember 2011 wächst die soziale Ungleichheit in Deutschland nicht nur, sie tut dies viel stärker als in anderen Industrienationen. Ein Gutachten des Deutschen Instituts für Wirtschaftsforschung hat zudem ergeben, dass die deutsche Investitionsquote in den vergangenen Jahren stetig gesunken ist, von 20 Prozent im Jahr 1999 auf nur noch 17 Prozent im Sommer 2013.

Ulrike Guérot und Mark Leonard sehen bereits *The New German Question* aufziehen, eine »deutsche Frage« ganz anderen Zuschnitts: »Das Deutschland von heute ist älter, ärmer und hat mehr soziale Probleme als früher. Es macht sich Sorgen über die Einwanderungspolitik und liegt hinter vielen OECD-Staaten zurück, wenn es um Gleichbehandlung, Kinderbetreuung oder das Bildungssystem geht.«

So ist es nicht verwunderlich, dass die Europäische Kommission Deutschland trotz der noch guten Haushaltslage regelmäßig konkrete Reformaufträge erteilt. Die Steuerbelastungen für Menschen mit niedrigen Einkommen sollten verringert werden. Auch das deutsche Bildungssystem, in dem die soziale Herkunft eines Kindes weitaus stärker über den Bildungserfolg entscheidet als in anderen Industrienationen und sozialer Aufstieg weiterhin erschwert werde, steht bei der Kommission in der Kritik. Und die Regierung müsse endlich die Löhne und die Inlandsnachfrage steigern, lautet eine der letzten Empfehlungen aus Brüssel.

Selbst die gewaltigen deutschen Exportüberschüsse bewerten Ökonomen nicht unbedingt als Zeichen von wirtschaftlicher Stärke, sondern eher als Ausfluss einer hartnäckigen Investitionsschwäche. Wie schlecht und unüberlegt die deutschen Ersparnisse oftmals im Ausland angelegt werden, davon haben wir bereits gelesen.

Im Bundestagswahlkampf 2013 wurden diese drängenden Reformfragen jedoch gänzlich ignoriert. So schreibt denn auch Barry Eichengreen vom »Risiko der deutschen Selbstzufriedenheit«. Nur weil die deutsche Wirtschaft in der Vergangenheit gut abgeschnitten habe, müsse dies nicht zwangsläufig auch in der Zukunft so sein, warnt er in der schweizerischen Zeitung *Finanz und Wirtschaft*. Die geringe Investitionsrate und die alternde Infrastruktur ließen wenig Gutes verheißen, es gebe zu wenig erstklassige deutsche Universitäten – die TU München belegt im Shanghai Ranking als beste deutsche Universität gerade einmal Platz 50 –, und die Bevölkerung schrumpfe; die Fertilitätsrate sei auf weniger als 1,5 Kinder gesunken. Sein düsteres Fazit lautet: »Deutschlands demographischer Rückgang ist vorgezeichnet – und damit auch der wirtschaftliche. Beides zusammen lässt die Vision, Deutschland werde eines Tages zu Europas kränkelnden Volkswirtschaften gehören, nicht abwegig erscheinen. Von einer Politik der Transfers von den boomenden zu den armen Regionen könnte es dereinst selbst profitieren. Das sollten die Politiker der Bevölkerung klarmachen … Für Deutschlands brave Bürger mag es unvorstellbar sein, dass das Land jemals eine Umschuldung brauchen wird. Die Geschichte spricht eine andere Sprache.«

GESPRÄCH

»Nationale Souveränität ist ein Wert geworden, den sich nur noch wohlhabende Staaten leisten können«

SCHMITZ: Herr Soros, der deutsche Soziologe Ulrich Beck schreibt, dass Deutschland immer ein Musterschüler in Europa gewesen sei, sich aber neuerdings wie ein strenger Oberlehrer gebärde. Stimmen Sie zu?
SOROS: Beck hat recht. Die Deutschen zwingen dem Rest Europas rücksichtslos ihren Willen auf. Man kann ihnen kaum vorhalten, dass sie selbst eine starke Währung und einen ausgeglichenen Staatshaushalt wollen. Aber man kann ihnen sehr wohl vorwerfen, dass sie dieses Rezept anderen Ländern verschreiben, die ganz andere Wünsche und Bedürfnisse haben. Mich erinnert die Lage an die griechische Sage von Prokrustes. Wenn dieser mythische Riese Gäste hatte, zwang er sie, in seinem Bett zu liegen – und wenn sie nicht hineinpassten, hackte er ihnen die Beine ab. Was nicht passt, wird passend gemacht. Nur dass die Radikalkur der Deutschen aus strengem Sparen besteht und nicht aus dem Absägen von Beinen.
SCHMITZ: Ist die deutsche Perspektive nicht verständlich? Das Land hat sehr harte Reformen durchgestanden, um

wieder wettbewerbsfähig zu werden. Danach half es mit Milliarden Euro Krisenländern aus, die gegen die Kriterien des Fiskalpaktes verstoßen haben. Warum sollten diese jetzt nicht wenigstens auf Ratschläge aus Berlin hören?

SOROS: Deutschland sollte mit Beschwerden über Verstöße gegen die Stabilitätskriterien vorsichtig sein. Immerhin zählte es zu den ersten Nationen, die gegen die Maastricht-Kriterien verstießen, bereits im Jahr 2003. Berlin wurde dafür übrigens nie offiziell bestraft. Auch sonst ist die Schuldfrage keineswegs so eindeutig, wie die Deutschen gerne behaupten. Alle Staaten, die den Euro einführten, ohne die Folgen der Währungsunion genau zu durchdenken, tragen eine Mitschuld. Und die Deutschen vergessen gerne, dass der Euro anfangs vor allem ein deutsch-französisches Projekt war. Also trägt auch Berlin erhebliche Mitschuld. Und die Krisenländer hören auch deswegen oft nicht auf die Ratschläge Deutschlands, weil dessen Tonfall manchmal selbstgerecht oder sogar heuchlerisch ist. Im neuen Koalitionsvertrag erhöht Deutschland beispielsweise den Mindestlohn und erlaubt frühere Verrentung. Im Prinzip ist das die richtige Politik – doch solch ein Schritt kann leicht heuchlerisch wirken, wenn Berlin gleichzeitig so vehement strikte Sparsamkeit von den anderen Staaten fordert.

SCHMITZ: Aber wieso nicht andere EU-Länder zu Reformen drängen, die in Deutschland funktioniert haben? Das kann man doch als eine moderne Variante des Marshallplans begreifen.

SOROS: Den Marshallplan damit zu vergleichen, ist absurd. Der Plan schuf Wachstum, weil Amerika großzügig Schulden erließ und eigene Ressourcen transferierte. Die aktuelle deutsche Politik setzt auf striktes Sparen und die schmerzvolle Rückzahlung gewaltiger Schulden. Es stimmt, diese Strukturreformen haben in Deutschland gute Resultate gebracht und das Land wieder in die wirtschaftliche Lokomotive des Kontinents verwandelt. Aber was gut für Deutschland ist, ist noch lange nicht für alle Länder in der Euro-Zone gut. Die Deutschen, auch Kanzlerin Merkel, sagen derzeit einfach immer wieder: Was wir geschafft haben, können auch alle anderen schaffen. Doch das stimmt nicht.

SCHMITZ: Warum nicht?

SOROS: Der Aufschwung in Deutschland kam über den Export. Das funktioniert, wenn es den Nachbarn und Partnern eines Landes gut geht und sie viel konsumieren und importieren können. Das war der Fall, als Deutschland seine Hartz-IV-Reformen und andere Veränderungen einleitete. Die Nachfrage nach deutschen Gütern war weltweit so groß, dass die Firmen sie kaum befriedigen konnten. Aber im Moment ist es genau umgekehrt. Seit der Finanzkrise ist die Nachfrage überall im Keller.

SCHMITZ: Sie machen es sich zu einfach: Alle Ökonomen stimmen überein, dass sich die Krisenländer nicht erholen können, wenn sie nicht sparen und Reformen einleiten.

SOROS: Alle Ökonomen? Das ist Unsinn. Außerhalb Deutschlands halten die allermeisten Ökonomen den strikten Berliner Sparkurs für falsch. Das US-Finanzministerium hat gerade erst wieder gemahnt, dass die riesigen deutschen Handelsüberschüsse die Weltwirtschaft stärker gefährden als die Politik in Japan oder China. Bei internationalen Treffen steht Deutschland meist völlig isoliert da. Außerdem muss der Zeitpunkt für Sparprogramme passen, und das ist gerade nicht der Fall. Die Euro-Krise ist ein direkter Ausfluss der Weltfinanzkrise, und seitdem liegt die Weltwirtschaft auf der Intensivstation. Sie braucht weiter Infusionen – und die können nur öffentliche Konjunkturprogramme liefern. Wenn die Wirtschaft sich stabilisiert hat, können wir Sparprogramme und Reformen entschlossen angehen. Das ist eine der großen Lehren aus der Weltwirtschaftskrise im Jahr 1929. Damals wurde der Aufschwung abgewürgt, weil die US-Regierung wieder sparen wollte, statt weiter Geld auszugeben. Alle haben das verstanden, nur die Bundeskanzlerin anscheinend nicht.

SCHMITZ: Aber mehr zu exportieren und wettbewerbsfähiger zu werden kann doch wohl kaum schaden.

SOROS: Das mag in einem einzelnen Land klappen, aber wie soll das in einem Staatenbund funktionieren? Nicht jedes Euro-Land kann einen Handelsüberschuss wie Deutschland erwirtschaften, denn für jeden Überschuss braucht es ein Defizit in einem anderen Land, das diese Waren einführt. Das lernt jeder Ökonomiestudent im ersten Semester.

SCHMITZ: Sie klingen wie John Maynard Keynes, der vor Staatsdefiziten nicht zurückschreckte. Aber Keynes war in Deutschland nie sonderlich populär.

SOROS: Klar, weil die Inflation das größte Trauma der Deutschen ist.

SCHMITZ: In einer Umfrage gaben Deutsche an, mehr Angst vor Inflation zu haben als vor einer Krebserkrankung.

SOROS: Das überrascht mich überhaupt nicht.

SCHMITZ: Die Deutschen assoziieren mit Inflation nun einmal die Jahre der Weimarer Republik und den Aufstieg der Nazis.

SOROS: Die exzessiven Reparationszahlungen, die dem Land von den Siegermächten auferlegt worden waren, und die gewaltige Arbeitslosigkeit nach der Weltwirtschaftskrise, beides führte die Nazis an die Macht. Leider begeht Deutschland heute einen ähnlich tragischen Fehler, weil es stur auf Rückzahlung besteht, statt den Krisenländern Schulden zu erlassen. Seit es die Kredite an Griechenland, Spanien und Portugal eingestellt hat, ist die Arbeitslosigkeit in diesen Ländern dramatisch angestiegen. Wir können nur hoffen, dass wir dort nicht ähnliche Entwicklungen erleben wie damals in Deutschland.

SCHMITZ: Gehen wir noch einmal zurück zu den Reformen: Wie sollen Länder wie Griechenland, Spanien oder Italien jemals wieder auf die Beine kommen, wenn sie nicht ihre Staatsfinanzen sanieren?

SOROS: Schreibt man diesen Staaten nun vor, sich an die Maastricht-Kriterien zu halten, besiegelt man Europas Schicksal: Dann stehen wir vor einem verlorenen Jahrzehnt mit null Wachstum. Oder gar Schlimmerem.

SCHMITZ: Warum das denn?

SOROS: Weil die Ursachen dieser Krise nicht so einfach sind, wie es die Deutschen gerne hätten. Schon die Mär vom spendierfreudigen Südländer stimmt nicht. Das trifft zwar auf Griechenland zu, aber nicht auf Spanien, dessen Haushalt wesentlich ausgeglichener war als der deutsche. Wir haben ein Strukturproblem in der Währungsunion. Der Maastrichter Vertrag, den die Deutschen federführend verantworteten, enthält eine Klausel, die Bail outs verbietet. Wegen dieser Klausel ist die aktuelle Krise so schwer zu bewältigen. Der Maastricht-Vertrag ging nämlich davon aus, dass Defizite nur im öffentlichen Sektor anfallen können. Der private Sektor, so die Annahme, werde sich immer selbst regulieren. Exzesse in der Privatwirtschaft und im Bankensektor haben aber die Euro-Krise weitgehend verschuldet, vor allem in Spanien. Diesen Strukturfehler muss man angehen und die Bailout-Klausel aufheben, um auch private Exzesse ausgleichen zu können. Das sollten die Deutschen schon mit Blick auf ihre eigene Geschichte tun. Das Land hat nach dem Zweiten Weltkrieg selbst mehrfach von Schuldennachlässen und Stundungen profitiert, darunter auch von Griechenland. Nun aber zeigt es sich unnachgiebig.

SCHMITZ: Haben Sie das Gefühl, deutsche Politiker verstehen diese historische Argumentation?

SOROS: Nur wenige. Wolfgang Schäuble war der letzte Vertreter der Generation Kohl, die Europa noch als idealistisches Projekt sah. Dieses Vermächtnis hat ihn allerdings nicht davor bewahrt, selbst zur tragischen Figur zu werden. Er wusste, was getan werden musste, trug aber in der Euro-Krise viele Fehlentscheidungen mit, auf Druck von Bundesbank und Bundesverfassungsgericht.

SCHMITZ: An welche Fehlentscheidungen denken Sie dabei?
SOROS: Die Deutschen, auch Schäuble, haben die Rettung Griechenlands komplett vermasselt. Sie haben dem Land zwar Hilfe angeboten, aber nur gegen hohe Zinsen. Das hat Griechenlands Schulden immer größer werden lassen – heute ist es verloren, das Land wird seine Schulden niemals zurückzahlen können. Als Berlin endlich Zugeständnisse gemacht hatte, waren diese zu spät und unzureichend. Hätte man gleich zu Beginn umgesteuert, wäre es nie zur Euro-Krise in ihrer jetzigen Form gekommen.
SCHMITZ: Meinen Sie das ernst? Die anderen Staaten hätten den Flächenbrand tatsächlich austreten können?
SOROS: Vielleicht nicht in Griechenland. In dem Land lief wirklich alles schief, auf Staatsseite und in der Privatwirtschaft. Das Land war wirklich im Kern verrottet.
SCHMITZ: Und in Spanien oder Italien nicht?
SOROS: Nein. Diese Länder werden oft mit Griechenland in einen Topf geworfen, aber ihre Lage ist komplett anders. Darüber, dass Spanien haushaltstechnisch ein Musterschüler war, habe ich schon gesprochen. In Griechenland hingegen haben Staat und Bürger das System massiv missbraucht. Der ehemalige Premier Giorgios Papandreou hat versucht aufzuräumen, aber er scheiterte sogar an seiner eigenen Partei. Dieses Land zu retten erfordert jede Menge Großmut. Das gilt nicht für die anderen Krisenstaaten.
SCHMITZ: Es ist doch unbestritten, dass jedes dieser Länder strukturelle Schwächen aufwies. Die Krise lässt sich

nicht nur mit Mängeln im System der Währungsunion erklären.

SOROS: Aber dieses System hat diese Länder eingeschnürt. In der Vergangenheit konnten sie immer ihre Währung abwerten oder mehr Geld drucken, wenn sie in Schwierigkeiten gerieten. Das geht nun nicht mehr. Und weil sie sich Geld in einer Währung leihen müssen, die sie nicht kontrollieren – dem Euro –, müssen sie hohe Risikoaufschläge bezahlen. Die Finanzmärkte, von denen ich ein bisschen was verstehe, nutzen das eiskalt aus: Sie »shorten« die Staatsanleihen dieser Staaten, sodass die Angst vor einem Staatsbankrott wächst und die Kapitalkosten noch weiter steigen. Wir haben nun ein Europa, das in Gläubiger und Schuldner aufgespalten ist, und die Gläubiger geben natürlich den Ton an. Aber statt schwächeren Staaten zu helfen, verschärfen sie die Spaltung, indem sie ihnen noch höhere Schulden aufhalsen. So können diese Länder ihren Wettbewerbsnachteil niemals aufholen.

SCHMITZ: Ihre Lösungsvorschläge klingen, als sei die Rettung ganz einfach zu schultern. Doch schon jetzt ist Deutschland in der Euro-Krise Garantieverpflichtungen von 388 Milliarden Euro eingegangen, das entspricht 55 Prozent des deutschen Steueraufkommens. Müssen nicht auch Sie zugeben, dass eine Grenze erreicht ist?

SOROS: Die Deutschen tun immer so, als ob sie schon Milliarden Euro verloren hätten. Doch bislang haben sie nur Kredite gewährt, die realen Abschreibungen sind sehr gering.

SCHMITZ: Na ja, allein der deutsche Anteil an den Hilfspaketen für Griechenland umfasst weit über 50 Milliarden Euro.

SOROS: Gut, aber der Rest ist bislang nur im Rahmen der Euro-Rettung als Garantie gewährt worden. Deutsche denken seit den Lasten der Wiedervereinigung – als Westdeutschland über eine Billion Euro Aufbauhilfe binnen zwanzig Jahren nach Ostdeutschland pumpte, mit eher mäßigen Resultaten –, dass solche Transfers immer eine Geldverschwendung darstellen. Aber das ist schlicht nicht wahr. Die Deutschen vergessen außerdem, wie sehr sie als führende Exportnation von der Einführung des Euro profitiert haben. Ironischerweise haben sie ja sogar von der Krise profitiert. Denn der Euro wurde schwächer, was die deutsche Wettbewerbsfähigkeit weltweit noch steigerte. Außerdem kann sich das Land so billig Geld leihen wie nie zuvor und muss viel weniger Zinsen für seine Schulden bezahlen.

SCHMITZ: Dringen Sie mit solchen Argumenten bei den deutschen Spitzenpolitikern durch?

SOROS: Überhaupt nicht, und das ist sehr traurig. Ich will nicht wie ein Kohl-Jünger klingen, aber er hat in Sachen Europa Führungsstärke bewiesen. Kohl sagte zum damaligen französischen Präsidenten François Mitterrand: »Lass uns ein stärkeres Europa schaffen, in das ein vereintes Deutschland eingebettet ist.« Das hat die europäische Integration beflügelt wie kein Schritt zuvor. Die aktuelle Politikergeneration in Berlin verfolgt jedoch viel kompromissloser Deutschlands nationale Interessen. Den

Politikern ist es nicht mehr wichtig, als »gute Europäer« zu gelten oder dem Kontinent eine Vision zu vermitteln.

SCHMITZ: Das klingt fast paradox: Deutschland ist einflussreich wie nie, aber es will Europa nicht mehr voranbringen?

SOROS: Berlin wird immer gerade genug tun, um den Euro zu retten. Doch das behebt das Grundproblem nicht – die Schuldnerländer werden weiter gewaltige Zinslasten tragen müssen. Und damit droht uns eine europäische Ordnung, in der Deutschland wie eine Kolonialmacht gehasst werden wird.

SCHMITZ: Sie übertreiben. Klar, wir sehen ab und zu Bilder von griechischen Demonstranten, die auf Plakaten Merkel mit Hitler-Bärtchen zeigen. Aber wir erleben doch keinen europaweiten Aufstand gegen die Deutschen.

SOROS: Wir erleben eine Renationalisierung Europas, und das ist besorgniserregend genug. Die EU-Mitgliedsstaaten, allen voran Deutschland, retten bereitwillig ihre eigenen Banken, wenn diese in Schwierigkeiten geraten. Aber sie weigern sich partout, anderen Mitgliedsstaaten zu helfen, die Zahlungsprobleme haben. Erinnern Sie sich nur an den ESM-Rettungsplan zur Rekapitalisierung der spanischen Banken. Der wurde zerschossen, als Kanzlerin Merkel dem Bundestag versicherte, Spanien hafte weiter für alle Verluste. Die deutsche Europapolitik hat sich um 180 Grad gedreht: Das Land war stets Wortführer engerer Integration, nun ist es deren stärkster Bremser.

SCHMITZ: Was soll Deutschland denn Ihrer Meinung nach tun?

SOROS: Es muss so handeln wie Amerika nach dem Zweiten Weltkrieg. Die Vereinigten Staaten dominierten damals die Weltwirtschaft und Europa – aber statt zu strafen und zu dominieren, führten sie den Marshallplan ein. Euro-Bonds, also die Vergemeinschaftung von Schulden, gegen die sich Kanzlerin Merkel so entschieden sträubt, wären eine Art moderner Marshallplan. Kritiker argumentieren, der Marshallplan habe ja nur ein paar Prozentpunkte von Amerikas damaligem Bruttosozialprodukt gekostet, während die Haftung aus Euro-Bonds Deutschlands Kraft überschreiten könne. Aber der Marshallplan führte zu direkten Zahlungen, während Euro-Bonds nur eine Garantie darstellen. Und je umfassender diese Garantie ausfällt, desto unwahrscheinlicher wird ihre Einlösung. Wenn Deutschland dazu nicht bereit ist, gibt es eigentlich nur noch einen Ausweg: dass Berlin die Euro-Zone verlässt.

SCHMITZ: Das würde die Euro-Zone zerreißen, mit unabsehbaren Konsequenzen.

SOROS: Wieso unabsehbar? Der Euro würde abwerten und die Schuldnerstaaten wären mit einem Schlag wieder wettbewerbsfähig. Die wieder eingeführte D-Mark hingegen würde extrem aufwerten. Die Deutschen würden also plötzlich spüren, wie schwer der Export mit einer überbewerteten Währung ist. Das Land müsste sich an ein Handelsdefizit gewöhnen und an hohe Arbeitslosigkeit. Deutsche Banken müssten mittelfristig vermutlich Staatshilfe beantragen. Aber die Deutschen retten offenbar lieber ihre Banken als andere Staaten. Ach ja, wenn die D-Mark so stark ist, könnten deutsche Rentner nach

Spanien oder Griechenland ziehen und dort wie Könige leben – das würde auch die Nachfrage dort stärken.

SCHMITZ: Würde eine Abwertung des Euro im Moment nicht den Krisenländern helfen?

SOROS: Oh ja. Verließe Deutschland die Euro-Zone, wäre das eine Riesenerleichterung für diese Staaten. Die D-Mark würde stark, der Euro hingegen schwach. Spanische, griechische oder italienische Exporte wären mit einem Schlag wieder wettbewerbsfähig.

SCHMITZ: Nur wäre das leider auch das Ende der Euro-Zone.

SOROS: Nicht unbedingt. Klar, das wäre der Fall, wenn Deutschland wieder Handelsschranken errichtete, um sich etwa vor billigen italienischen Exporten zu schützen. Würde man aber klare Regeln festlegen, die dies ausschließen, hätte nur Deutschland ein Anpassungsproblem.

SCHMITZ: Länder wie Belgien, Österreich oder die Niederlande, die früher eng an die D-Mark gekoppelt waren, würden doch unter solchen Umständen auch den Euro-Raum verlassen.

SOROS: Wahrscheinlich ja.

SCHMITZ: Aber dann hätten wir einen nordeuropäischen Block mit einem D-Mark-artigen Euro und einen südeuropäischen Block mit dem bisherigen Euro. Also ein gespaltenes Europa, vor dem Sie immer warnen.

SOROS: Wir hätten einfach zwei Währungen innerhalb der Europäischen Union. Das kann durchaus funktionieren, weil beide Seiten ein Interesse daran haben, dass die Wechselkurse nicht zu weit ausschwingen. Täten sie das, müsste nämlich der D-Mark-Block mit hoher Arbeitslosigkeit und einer Rezession klarkommen. Schuldner und Gläubiger müssten zusammenarbeiten.

SCHMITZ: Die Gretchenfrage ist doch: Auf welcher Seite würde Frankreich stehen?

SOROS: Die Grenzen wären klar gezogen: Frankreich stünde an der Spitze der Südstaaten, und Deutschland wäre Anführer des nördlich oder protestantisch geprägten Euro.

SCHMITZ: Et voilà: Frankreich und Deutschland stünden sich wieder als Rivalen gegenüber. Genau das wollten die Gründer der EU doch verhindern. Die Erbfeindschaft zwischen den beiden Nationen sollte sich in Freundschaft verwandeln.

SOROS: Klar, das ist eine beängstigende Perspektive für alle Menschen, die an ein vereintes Europa glauben.

SCHMITZ: Wie sehr ist die Euro-Krise eigentlich eine Folge der US-Finanzkrise?

SOROS: Zu 100 Prozent.

SCHMITZ: Will heißen: Wäre die US-Immobilienblase nicht geplatzt, hätte es keine Euro-Krise gegeben?

SOROS: Das weiß ich nicht. Vielleicht wäre es auch sonst zu einer Krise gekommen. Fest steht aber: Die Ungleichgewichte innerhalb der Euro-Zone wurden zum akuten Problem, weil die Finanzkrise zu einer Bankenkrise führte.

SCHMITZ: Viele Amerikaner sagen, die Währungsunion sei strukturell fehlerhaft gewesen, es hätte also so kommen müssen. Ihre Argumente über die strukturellen Schwächen kann man ebenfalls so verstehen.

SOROS: Das stimmt ja auch. Aber diese Schwächen wurden erst durch die Weltfinanzkrise in so brutaler Weise offengelegt. Die Krise traf die französischen und deutschen Banken besonders hart. Und beide Staaten wollten umgehend ihre eigenen Banken retten, statt über Politikansätze nachzudenken, die der Euro-Gemeinschaft geholfen hätten. Berlin und Paris ging es bei den ersten Rettungspaketen um ihre Bankenlobby, die sich kräftig verzockt hatte, nicht ums europäische Gemeinwohl.

SCHMITZ: War nicht eins der Probleme, dass der Euro schlicht überbewertet war – oder es sogar immer noch ist?

SOROS: Für Schuldnerländer ist die Währung tatsächlich überbewertet. Für Deutschland aber ist der Kurs zu niedrig, das hat ja das deutsche »Exportwunder« befeuert. Der Euro hat Europa erst richtig auseinanderdriften lassen. Die schwächeren Länder konnten auf einmal Geld billiger leihen, was zu einem Boom führte. Sie – und natürlich auch andere Staaten – kauften viele deutsche Waren, was in Deutschland zu einem riesigen Handelsüberschuss führte. Und das Kapital daraus wanderte wieder in die Krisenstaaten, weil es ja angelegt werden muss, und pumpte dort die Kreditblase auf. Ein Teufelskreis.

SCHMITZ: Angela Merkel gilt als »mächtigste Frau der Welt«, sie könnte so einen Prozess wohl aufhalten. Wie beurteilen Sie ihre Führungsqualitäten?

SOROS: Ich halte sie für eine äußerst begabte Politikerin. Sie hat ein feines Gespür für die öffentliche Meinung. Und sie ist so pro-europäisch, dass sie den Euro bewahren möchte. Aber sie scheint nicht zu begreifen, dass der Euro nur ein Mittel zum Zweck ist. Das viel wichtigere Ziel ist, die Europäische Union zu bewahren. Der tragischste Aspekt dieser Krise ist ja, dass der Euro – der nur ein Sprungbrett zu einer tieferen politischen Union in Europa sein sollte – die Gemeinschaft zerstören könnte.

SCHMITZ: Glauben Sie, dass Austerität, für die gerade Deutschland wirbt, jemals in einer Krise helfen kann?

SOROS: Na ja, Irland hat damit recht gute Erfahrungen gemacht. Und die baltischen Staaten sind auch ziemlich erfolgreich gewesen, weil sie Reformen und Sparmaßnahmen schnell umgesetzt haben. Sie haben beispielsweise ihre Lohnkosten binnen eines Jahres um 20 Prozent gesenkt, das ist natürlich enorm.

SCHMITZ: Die Zauberformel lautet also: So brutal wie möglich und so schnell wie möglich?

SOROS: In Irland haben wir zunächst eine enorme Anpassung gesehen, und jeder weitere, auch kleinere Schritt wurde dann immer schwieriger. Der erste Schuss scheint der wichtigste zu sein.

SCHMITZ: Hätte man selbst in Griechenland mehr erreicht, wenn die Staatsreformen auf einen Schlag zu Beginn der Krise angegangen worden wären?

SOROS: Ohne jeden Zweifel.

SCHMITZ: Aber wie soll das gehen, ohne die Bevölkerung einzubeziehen? Als Giorgios Papandreou eine Volksabstimmung über Strukturreformen abhielt, heulten andere EU-Staatschefs wütend auf. Doch Papandreou hat eigentlich recht: Auch Reformen brauchen demokratische Legitimation.

SOROS: Das stimmt. Dieses Prinzip droht in der Gläubiger-Schuldner-Beziehung, die wir gerade in Europa erleben, verloren zu gehen. Nationale Souveränität ist ein

Wert geworden, den sich nur noch wohlhabende Staaten leisten können. In Deutschland etwa dürfen Bundestag und Bundesverfassungsgericht bei jeder größeren Entscheidung zu Europa mitreden. Aber andere Nationen sollen alle ihre Rechte aufgeben.

SCHMITZ: Vielleicht hat das damit zu tun, dass die Deutschen sehr viel Geld in diese Richtung transferieren.

SOROS: Das ist recht kurzsichtig, gerade von den Deutschen, die so stark von der Euro-Zone profitiert haben. Außerdem kennt doch jedes EU-Mitglied die Vorteile von Transferunionen. Schauen sie nur auf Deutschland: Wohlhabendere Regionen wie Bayern müssen ärmere Gegenden wie Sachsen-Anhalt unterstützen. Nur so funktioniert das große Ganze.

SCHMITZ: Die Federal Reserve in den USA und die japanische Notenbank überschwemmen die Märkte derzeit mit billigem Geld. Und auch die EZB hat begonnen, Staatsanleihen in großem Stil aufzukaufen. Wird sie zu mächtig?

SOROS: Es gibt einige Leute in Deutschland, die das gerne behaupten. Und sie könnten Rückenwind bekommen, sollte das Bundesverfassungsgericht gegen die Europäische Zentralbank entscheiden. Aber eigentlich ist die EZB die einzige wirklich funktionierende Institution in der Euro-Zone. Sie bekommt jedoch keine Unterstützung aus Berlin. Als die EZB durch den Ankauf von Staatsanleihen für vorübergehende Ruhe an den Märkten sorgte, ließ die Regierung die Bank gleich wieder im Stich, weil sie von Konzessionen bei der Bankenunion oder einer gemeinsamen Haftung nichts wissen wollte.

SCHMITZ: Mit der gemeinsamen Haftung meinen Sie Euro-Bonds. Aber die Wettbewerbsfähigkeit von Ländern erhöhen die auch nicht.

SOROS: Das stimmt. Das ist die eine Sache, die sie nicht leisten können. Den schmerzhaften Anpassungsprozess, wettbewerbsfähiger zu werden, kann den Krisenländern langfristig niemand abnehmen. Aber Euro-Bonds könnten ihnen die dafür nötige Zeit verschaffen, weil sie die Märkte ruhigstellen.

SCHMITZ: Sind Sie nicht zu optimistisch, dass alle fraglichen Staaten wirklich Reformen wollen? Berliner Politiker nennen etwa das zunehmend marode Frankreich offen »reformunfähig«.

SOROS: Das stimmt ja auch. Italien und Spanien sind Strukturreformen angegangen, Frankreich nicht. Es verspürt wohl keinen Druck, weil es von den Finanzmärkten behandelt wird, als sei es Deutschland. Das Land ist sozusagen »too big to fail«, daher muss es keine Strafaufschläge bezahlen. Spanien und Italien hingegen verlieren jedes Jahr mehrere Prozent Wettbewerbsfähigkeit gegenüber Deutschland, weil sie höhere Zinsen zahlen müssen, um Kapital aufzutreiben.

SCHMITZ: Aber das belegt doch, dass Staaten Druck brauchen, um Reformen anzustoßen.

SOROS: Erst einmal belegt es, dass diese Staaten sich abstrampeln und keine Fortschritte machen, weil das System sie so benachteiligt. Dass Frankreich im Stillstand verharrt und zunehmend die Realität leugnet, ist allerdings ein großes Problem.

SCHMITZ: Sie haben Milliarden Dollar für demokratische Initiativen in Osteuropa gespendet. Wie sehen die Staaten dort die Europäische Union?
SOROS: Diese Region hat die Euro-Krise zu spüren bekommen, bevor wir überhaupt von einer Euro-Krise sprachen. Denn im Jahr 2009, als die Garantien der Euro-Länder für ihre Banken noch glaubhaft schienen, konnten die osteuropäischen Länder ähnlich überzeugende Garantien nicht kommunizieren. Also bekamen sie gleich die Wucht der Märkte zu spüren. Aber nun, da die Strukturprobleme der Währungsunion zutage treten, sind Schuldnerländer wie Italien oder Spanien viel härter betroffen.
SCHMITZ: Könnte Polen das neue Frankreich werden, wie manche glauben – wichtigster EU-Partner für Deutschland?
SOROS: Polen ist wirklich in einer starken Position. Und es hat den großen Vorteil, dass seine Bevölkerung sich dauerhaft vom russischen Einfluss abnabeln und sich voll der Europäischen Union verschreiben will. Die Europa-Begeisterung ist dort noch viel ausgeprägter. Ich könnte mir gut vorstellen, dass die polnisch-deutsche Zusammenarbeit bald der Achse zwischen Paris und Berlin Konkurrenz macht.
SCHMITZ: Wie steht es um Großbritannien, das alte europäische Sorgenkind?
SOROS: Ich glaube, der britische Premier David Cameron hat einen Plan: Er will London in ein Offshore-Finanzzentrum verwandeln. Es soll ein Hafen für Euro-Transaktionen werden, aber auch für den Rest der Welt.

SCHMITZ: Sind ihm da nicht die Hände gebunden, weil Großbritannien den Euro nicht eingeführt hat? Frankreichs ehemaliger Präsident Nicolas Sarkozy belehrte Cameron bei EU-Gipfeltreffen, er dürfe als Vertreter eines Nicht-Euro-Landes nicht mehr mitreden.

SOROS: Nun, es gibt ja auch noch andere Länder, die zwar Mitglied der Europäischen Union, aber nicht der Euro-Zone sind.

SCHMITZ: Doch keines ist so wichtig wie Großbritannien. Und selbst die *Financial Times*, die keineswegs der Europhilie verdächtig ist, sorgt sich, dass das Vereinigte Königreich die Tür zu Europa gerade zuschlägt.

SOROS: Großbritannien ist doch im Moment in einer komfortablen Lage. Es ist EU-Mitglied, muss aber nicht beim Euro mitmachen. Und weil die Europäische Union so schwächelt, ist auch der Druck auf Cameron, vielleicht doch über einen Euro-Beitritt nachzudenken, geringer geworden. Er kann jetzt geduldig das Referendum zu Großbritanniens Verbleib in der EU im Jahr 2017 abwarten.

SCHMITZ: Sind Sie nicht besorgt, dass die Briten sich dann für einen Austritt entscheiden könnten?

SOROS: Oh doch, das befürchte ich sogar. Außerdem stehen die Chancen nicht schlecht, dass Großbritannien von anderen EU-Ländern rausgeekelt wird.

SCHMITZ: Wie meinen Sie das?

SOROS: Die Euro-Zone könnte etwa auf übermäßige Regulierung des britischen Bankensektors bestehen. Dabei verstehen die Briten davon viel mehr als der Rest des Kontinents.

SCHMITZ: Wenn Sie mit Briten heute über den Euro reden, hören Sie dann oft: Ich habe es doch gesagt!?

SOROS: Natürlich. Die Euro-Skeptiker haben dort enorm Oberwasser, weil es Großbritannien besser geht als den meisten Euro-Ländern. Und weil sich das Land Geld zu ähnlich niedrigen Zinsen leihen kann wie Deutschland.

SCHMITZ: Erstaunt Sie nicht, dass Europa insgesamt noch recht stabil ist? Europaskeptische Parteien haben etwas Zulauf, aber wir erleben keine breite Hinwendung zu faschistischen oder antisemitischen Bewegungen.

SOROS: Das sehe ich ganz anders. Ich mache mir große Sorgen, dass die aktuelle Krise anti-europäische Tendenzen nährt, und die sind nun mal in aller Regel nationalistisch, fremdenfeindlich und antisemitisch. Der Aufstieg der rechtsradikalen Bewegung Chrysi Avgi (»Goldene Morgenröte«) in Griechenland hat mich sehr erschreckt, und seither haben Populisten in Niederlande oder Frankreich – wo Marine Le Pen sich als weit geschicktere Politikerin als ihr Vater herausstellt – eine regelrechte Anti-Europa-Allianz gebildet.

SCHMITZ: Sie haben oft betont, dass Selbstkritik für Sie ganz wichtig sei. Sind Europas Politiker im Moment selbstkritisch genug?

SOROS: Ich glaube, dass etwa Kanzlerin Merkel einige Fehler eingesehen und daraus auch gelernt hat. Aber sie würde das nicht zugeben. Die Öffentlichkeit sieht so etwas leider nicht gerne, viele Leute halten es für eine Schwäche, wenn Politiker Fehler eingestehen.

SCHMITZ: Dabei ist Irren doch menschlich.

SOROS: Ich kann nur für mich selbst sprechen. Und ich bin nur so reich, weil ich weiß, dass ich sehr oft falsch lag. Fehler spielen in der menschlichen Entwicklungsgeschichte eine so große Rolle wie Mutationen in der Biologie. Sie sind unvermeidlich. Der einzige echte Fehler ist, einfach weiterzumachen, obwohl man genau weiß, dass man einen Fehler begeht.

SCHMITZ: Geben Sie uns ein Beispiel.

SOROS: Angela Merkel hat begriffen, dass das Euro-System nicht funktioniert. Aber sie kann ihr Narrativ nicht ändern, das besagt, dass die Krisenstaaten einfach tüchtig sparen und reformieren müssen. Denn die deutsche Öffentlichkeit liebt dieses Argument. Wahrscheinlich denkt Merkel deshalb, dass sie in diesem Narrativ gefangen ist. Aber ich glaube, im Grunde weiß sie, dass sie schlicht rücksichtslos handelt, wenn sie einfach so weitermacht, obwohl es ein Fehler ist.

KAPITEL 3

»Als die Politik ihre Macht über die Märkte verlor«

Die Rolle der Spekulanten

Das *Wall Street Journal* hatte die Geschichte, die alles zu erklären schien. Das Wirtschaftsmagazin berichtete in seiner Ausgabe vom 8. Februar 2010 von einem »idea dinner«, an dem Wall-Street-Banker, Finanzmakler und Hedgefonds-Investoren teilgenommen hatten. Eingeladen hatte die Investmentbank Monness, Crespi, Hardt & Co. Die Finanzgrößen trafen sich in einem Stadthaus mitten in Manhattan, der Speiseplan sah Hühnchen und Filet Mignon vor. Auf der Tagesordnung unter anderem: der Euro. Und die Aussicht, dass dieser schon bald von einem Kurs von beinahe 1,40 Dollar auf einen Gleichstand mit der amerikanischen Währung fallen könne. Was genau bei dem »idea dinner« diskutiert wurde, ist bis heute nicht geklärt. Kaum aber war das Dinner vorbei, begannen an den Finanzmärkten die Wetten gegen den Euro, 60 000 »future contracts« wurden gegen die Währung abgeschlossen, so viele wie seit 1999 nicht mehr, rechnete das *Wall Street Journal* vor. Nur drei Tage nach dem Dinner sank der Kurs des Euro auf einen Wert von unter 1,36 Dollar.

Die Abwertung des Euro war langfristig jedoch nicht erfolgreich. Die Geschichte passte trotzdem bestens in ein gängiges Argumentationsmuster seit Ausbruch der Euro-Krise: dass nämlich diese vor allem auf den Einfluss internationaler Spekulanten zurückzuführen sei, nicht auf politische Versäumnisse oder strukturelle Defizite der Währungsunion. Vor allem europäische Politiker haben diese These forciert. Bundeskanzlerin Angela Merkel kritisierte früh nach Ausbruch der Euro-Krise, dass der Euro und die europäischen Staatsschulden nun das Objekt der Spekulation von Institutionen seien, die nur anderthalb Jahre zuvor mit Staatshilfe hätten gerettet werden müssen. Der schwedische Finanzminister Anders Borg verglich die Investoren gar mit einem »Pack Wölfe«.

Dass es im Vorfeld der Euro-Krise exzessive Spekulationen gab, ist unbestritten. »Jedem unverantwortlichen Kreditnehmer stand schließlich ein unverantwortlicher Kreditgeber gegenüber«, schreibt Geert Mak in *Was, wenn Europa scheitert*. »Amerika hat einen Bernard Madoff, Europa hat Dutzende, wenn nicht Hunderte«, lautet sein nüchternes Fazit. Der Weg dafür war seit Langem vorgezeichnet. Im Jahr 1972 erlaubte die Chicago Board Options Exchange erstmals sogenannte Foreign Currency Futures, fortan waren dort Wetten auf ausländische Währungen möglich. Die globale Zockerei trieb dann ausgerechnet ein demokratischer US-Präsident voran: Bill Clinton hob im Jahr 1999 den sogenannten Glass-Steagall Act – eine Vorschrift aus den 1930er Jahren, die eine strikte Trennung zwischen Banken mit normalen Kundeneinlagen und Investmentbanken vorschrieb – auf, wodurch die großen US-Banken ungehemmt auch mit eigenem Kapital zocken und sich an den Geschäften ihrer Großkunden beteiligen konnten. »Too big to fail«: Bald wuchsen ihre Einnahmen und ihre Bilanzsumme derart rasant an, dass sie später zu marktbeherrschend und vernetzt sein sollten, um einfach untergehen zu können. Die ebenso simple wie gefährliche Folge war, dass die Inhaber dieser Institutionen selbst nach unverantwortlichem Zocken darauf hoffen konnten, dass im Falle einer Krise der Staat mit einer Finanzspritze bereitstünde. Ein besseres Beispiel für einen Moral Hazard kann man sich nicht vorstellen.

Mit der Überhitzung der Kapitalmärkte einher ging eine Internationalisierung der Geldströme. Noch in den 1970er Jahren finanzierte Deutschland 40 Prozent seiner Staatsanleihen mit »nationalem Geld«, also mit dem Geld der eigenen Bürger. Heute ist dieser Anteil verschwindend gering. Weltweit hat sich die Schuldenlast öffentlicher und privater Haushalte binnen eines einzigen Jahrzehnts mehr als verdoppelt, von 84 Billionen Dollar im Jahr 2002 auf 194 Billionen Dollar im Jahr 2011. Der Autor Michael Lewis schreibt in seinem Buch *Boomerang:* »Es war, als hätte man ganzen Ländern gesagt: ›Das Licht ist ausgeschaltet. Macht, was ihr wollt – keiner wird's erfahren.‹«

Den führenden Politikern entging diese Partystimmung an den Weltmärkten keineswegs, aber die kurzfristigen Vorteile – permanent steigende Aktienkurse, eine boomende Konjunktur, hohe Beschäftigungsraten – waren politisch einfach zu verlockend. In den USA wurde dieses

Zusammenspiel von Wirtschaft und Politik von Männern vorangetrieben, die geschmeidig zwischen Vorstandsetage und Kabinettssaal hin und her wechselten: Robert Rubin etwa, zunächst unter Bill Clinton Finanzminister, später im Vorstand der Citigroup, der größten Bank der Welt. Oder Henry Paulson, ehemals Chef von Goldman Sachs, der als US-Finanzminister auf dem Höhepunkt der Weltfinanzkrise ausgerechnet seinem ehemaligen Arbeitgeber Milliardenhilfen gewährte. Nicht zuletzt Larry Summers, US-Finanzminister unter Clinton, dann hochbezahlter Hedgefonds-Manager (Summers bezog 5 Millionen Dollar für die 16 Monate bei dem Hedgefonds P.E. Shaw, obwohl er nur einen Tag in der Woche arbeiten musste), später Chef-Wirtschaftsberater von Barack Obama.

Auch in Deutschland kannten Politik und Großkapital lange Zeit wenig Berührungsängste. Ausgerechnet Jörg Asmussen – oft als eine der umsichtigsten und kenntnisreichsten Stimmen im Direktorium der EZB gepriesen – empfahl vor dem Ausbruch der Finanzkrise noch den Handel mit jenen Kreditderivaten, die sich später als »tickende Zeitbomben« (George Soros) erweisen sollten. Bemerkenswert ist auch, dass ausgerechnet die deutschen Landesbanken – die unter strenger politischer Kontrolle standen (und noch immer stehen) – besonders umfangreich in der weltweiten Kreditblase gefangen waren. Statt in Bielefeld oder Ulm Geschäftskredite abzusichern, errichteten deren Manager auf einmal Dependancen an der Wall Street oder in Asien. In puncto Leichtsinnigkeit und Übermut waren die Landesbanken von den spanischen »cajas« – die hierzulande oft als Synonym für die dortige Finanzkrise gehandelt werden – also kaum zu unterscheiden.

Doch wer wollte einen Boom hinterfragen oder gar bändigen, der lange Zeit nur Gewinner zu kennen schien? Paul Krugman hat das damals vorherrschende Denken präzise nachgezeichnet: Die Besonderheit des Euro, so schrieb er im *New York Times Magazine*, sei der Zeitpunkt seiner Einführung gewesen – nämlich in einem Moment, da sich die deutsche Wirtschaft eher im Abschwung befunden habe. Die Gemeinschaftswährung änderte jedoch die Vorzeichen: Schlagartig schienen die Staaten in Südeuropa, bislang von Investoren weitgehend gemieden, weil sie deren Zahlungsunfähigkeit fürchteten, ein scheinbar sicherer Anlagehafen zu sein, schließlich war ihre Währung nun an stabile Nationen wie Deutschland gekoppelt. Die Kreditzinsen sanken, was zu einem Investment- und Anlageboom in den südeuropäischen Staaten führte – und zu gewaltigen Handelsdefiziten, während der deutsche Handelsüberschuss rasant anstieg. Genau das, was Deutschland zu dieser Zeit brauchte. Hinzu kam: In der euphorischen Startphase des Währungsprojekts wurde beschlossen, dass Kreditinstitute Investitionen in europäische Staatsanleihen nicht mit Kapital unterlegen mussten. »Für die Regierungen hatte das den angenehmen Effekt, dass sie in den Banken stets bereitwillige Geldgeber fanden«, schrieb der SPIEGEL. Schließlich erschienen mit einem Schlag alle Länder und Banken der Euro-Zone kreditwürdig. Noch im Herbst 2008 lag die Verzinsung griechischer Staatsanleihen nur 0,9 Prozentpunkte über der deutscher Bonds.

»Im Zuge dieser Finanzierungen nahmen die Auslandsaktiva der ersten [Staaten wie Deutschland] ebenso wie die Auslandsverbindlichkeiten der zweiten Gruppe [Krisenstaaten wie Griechenland] stetig zu. Dementsprechend stieg auch die gegenseitige finanzielle Verwundbarkeit. Nach dem Kollaps der amerikanischen Investmentbank Lehman Brothers und dem Ausbruch der Finanzkrise wurde diese Verwundbarkeit plötzlich akut. Mehr als 50 Prozent des hohen Anstiegs der Nettoverbindlichkeiten im Fall von Griechenland und 25 Prozent von Spanien finanzierten sich durch kurzfristige Geldzuflüsse, die in Krisenzeiten als ›schnell abrufbar‹ eingestuft wurden«, bilanziert David Marsh. Oder um es in den Worten von Paul Krugman zu sagen: »Alles schien glatt zu laufen. Und dann platzte die Blase.«

War das die Schuld der Spekulanten? Dass die berüchtigten Credit Default Swaps nicht nur auf dem amerikanischen Hypothekenmarkt Verheerendes anrichten, sondern auch auf dem globalen Währungsmarkt für Turbulenzen sorgen konnten, war Experten seit Langem klar. Der SPIEGEL deklarierte CDS als »eigentlich gedacht, um das Risiko von Kreditausfällen zu versichern«. Man könne mit ihnen aber auch spekulieren, wenn man keine Staatsanleihen besitze. »Es ist, als ob jemand eine Feuerschutzversicherung für ein Haus abschließt, das ihm nicht gehört. Er wird – möglicherweise – großes Interesse daran haben, dass das Haus in Flammen aufgeht. Wer Ausfallversicherungen für griechische Staatsanleihen kauft, ohne selbst Staatsanleihen zu besitzen, der wettet darauf, dass sie an Wert verlieren. Denn dann kann er die Versicherung später teurer verkaufen.«

Sind also Credit Default Swaps auch in Sachen Euro schlicht außer Kontrolle geraten? Der Verdacht liegt nahe, wird jedoch mit einem Blick auf die Zahlen widerlegt: Der Handel mit Kreditversicherungen auf griechische Staatsanleihen hatte in den Monaten vor der Euro-Krise zwar zugenommen, von einer ausufernden Spekulation konnte aber keine Rede sein. Das zeigte das Nettovolumen der laufenden CDS. Anfang Mai 2009 wurden Kreditversicherungen für griechische Staatsanleihen in Höhe von rund 8 Milliarden Dollar am Markt gehandelt. Griechenlands Gesamtschulden beliefen sich jedoch auf rund 270 Milliarden Euro, allein im Jahr 2013 musste die Regierung in Athen Staatsschulden in Höhe von rund 15,8 Milliarden Euro refinanzieren.

Generell betrachten Experten es laut Medienberichten als äußerst schwierig für Spekulanten, einen Markt wie den für griechische Staatsanleihen zu manipulieren. Schließlich werden deren Wetten in der Regel von Gegenwetten anderer Anleger begleitet, die auf einen stabil bleibenden Markt setzen. Außerdem betonen sie, dass die Preise für CDS und die Zinsen für Staatsanleihen weit weniger von Spekulationen als durch nachvollziehbare Ereignisse wie die politische Lage in den Krisenländern, die Krisenstrategie der Europäischen Union oder die Entschlossenheit der Sparbemühungen beeinflusst werden. Der Rahmen ist also zuallererst ein politischer, er wird nicht so sehr von den »Märkten« beeinflusst. Und auch nicht von den Zentralbanken, wie Bundesbankpräsident Jens Weidmann hervorhebt: »Nicht die Notenbanken haben entschieden, welche Länder der Währungsunion beitreten dürfen, sondern die Regierungen.«

Der ehemalige Chefvolkswirt von Bundesbank und EZB Otmar Issing schrieb in der *Frankfurter Allgemeinen Zeitung* deshalb über die »Mär von der Spekulation« und einer »Verbiegung der Tatsachen«. Diese Verbiegung folge immer dem gleichen Schema, beklagte auch der ehemalige Präsident der Deutschen Bundesbank Karl Otto Pöhl: Immer wieder behaupteten Politiker, die Spekulation habe Griechenland an den Rand des Staatsbankrotts getrieben, und dieselbe Spekulation habe die Generalattacke gestartet, um den Euro zu Fall zu bringen. Dass diese mantrahaft formulierte Erklärung oftmals von den politischen Versäumnissen ablenken soll, scheint inzwischen auch bei den Politikern angekommen zu sein. So ließ der ehemalige österreichische Finanzminister Josef Pröll verlauten: »Spekulation ist nur erfolgreich gegen Länder, die ihre Finanzen über Jahre nicht in Ordnung gehalten haben.« Und Simon Tilford, Experte am Centre for European Reform, formuliert schnörkellos: »Die Märkte haben einfach den Bluff der Europäischen Union entlarvt. Sie hätten das sogar früher tun sollen, dann wäre die Krise vielleicht vermieden worden.« Schließlich war der Euro von Anfang an in gewisser Weise ein politischer Bluff: Was nicht passte, wurde passend gemacht, und klare Warnzeichen wurden ignoriert, nicht nur bei der Gründung.

George Soros selbst nennt die Profitmargen der Spekulanten »exzessiv« und kritisiert den fundamentalistisch anmutenden Glauben an vermeintlich perfekt rationale Märkte. Wiederholt hat er betont, dass Spekulanten durch ihre Überreaktionen die aktuelle Krise verschärft haben: »Finanzmärkte hatten großen Einfluss in dieser Krise, auch weil sie nicht immer die Realität korrekt widerspiegeln, sondern sehr häufig ihre eigene Realität schaffen.« Als etwa der Abschwung in der Euro-Zone begann, beschleunigten globale Investoren die Krise, da sie – unberechtigterweise – eine ganze Reihe von Euro-Staaten als nah am Bankrott einstuften.

Sich auf die Exzesse der Spekulanten zu konzentrieren, lenkt jedoch von einer wichtigeren Aufgabe ab: der politischen Kontrolle. »Die Regeln der Euro-Zone«, sagt George Soros, »sind verantwortlich für die Schwäche des Systems und für die Krise. Denn sobald die Krise begann, folgten die Politiker stur diesen Regeln – die Krise ist nur so schlimm geworden und hat so lange gedauert, weil die Krisenmanager im Rahmen von Regeln agierten, die schlicht mangelhaft waren. Zu leugnen, dass der Euro selbst strukturelle Schwächen aufwies, die es zu korrigieren gilt, ignoriert die Wurzeln der Euro-Krise.«

Die wichtigere Frage als die nach der Schuld der Spekulanten lautet doch: Haben wir nicht auch ein Staatsversagen erlebt, ein politisch motiviertes, und ein kollektives Wegschauen auf europäischer Ebene? Und nur die

Beschäftigung mit dieser Frage kann Gewissheit in der Frage leisten, die sich daran anschließt, nämlich ob politische und strukturelle Reformen die europäische Währungsgemeinschaft retten können. Geht man davon aus, dass die Macht der Finanzmärkte ohnehin unbegrenzt ist, dann ist diese Frage natürlich obsolet.

Dass die politische Aufsichtspflicht grob vernachlässigt wurde, bestreitet heute kaum noch jemand. André Szász, ehemaliges Direktionsmitglied der niederländischen Notenbank, sagt: »Keiner der Regierungschefs, die den Maastrichter Vertrag unterzeichnet haben, hat wirklich verstanden, worauf er sich eingelassen hat.« Finanzexperten berichten von ihren Verhandlungen mit Politikern in den Krisenmonaten; eine ganze Reihe von ihnen hätte noch nie vom Unterschied zwischen Long- und Short-Positionen beim Aktienkauf gehört. »Hätten die Finanzminister die Situation deutlich machen wollen«, so zitiert David Marsh den ehemaligen Kommissionspräsidenten Jacques Delors, »hätten sie die übermäßige Verhaltensweise der irischen Banken, die überzogenen Erhöhungen der spanischen Hypothekenkredite, die Vertuschung der griechischen Wirtschaftsstatistiken unter die Lupe nehmen müssen.«

George Soros und auch andere Investoren glauben fest daran, dass Politiker immer noch stärker sind als Märkte und selbst in der Euro-Krise hätten obsiegen können – wenn sie schneller und vor allem entschlossener gehandelt hätten. Insbesondere Bundeskanzlerin Merkel entschied sich aber für eine Politik der »begrenzten Haftung«, die

Soros als entscheidenden Fehler für die Krise ansieht, als den Moment, in dem die Politik ihre Macht über die Märkte verlor. Und mit dieser Meinung steht der Investor keineswegs allein da. »Wenn die Staats- und Regierungschefs am Anfang der Krise ihre Solidarität mit Griechenland bekräftigt und seine Schulden garantiert hätten, weil die Euro-Zone eine Währungsunion und eine Wirtschaftsunion ist«, so schreiben Guy Verhofstadt und Daniel Cohn-Bendit, »hätte die Krise gar nicht erst begonnen. Ein einfacher Satz hätte genügt, aber sie haben ihn nicht ausgesprochen, und das hat Zweifel an der Solidität der Euro-Zone genährt: Eine Union ohne Solidarität ist keine Union.« Über dieses Versäumnis staunte auch die *New York Times*: »Kein einzelnes Land könnte es sich leisten, eine solche Lösung zu finanzieren, aber Europa als Ganzes würde es durchaus schaffen.«

Ist man heute besser vorbereitet? Eine der interessantesten Volten der Euro-Krise ist doch, wie selbstsicher die Schöpfer der Währungsunion lange Zeit waren. Sie glaubten ernsthaft, das Risiko von Währungskrisen endgültig gebannt zu haben. Nur übersahen sie dabei komplett, dass Kreditkrisen jederzeit wieder ausbrechen können, etwa durch die unverantwortliche Zockerei großer Banken. Deren Macht ist seit der Finanzkrise kaum eingeschränkt worden, im Gegenteil. Zum fünften Jahrestag des Ausbruchs der Weltfinanzkrise beziehungsweise des Zusammenbruchs von Lehman Brothers im September 2013 titelte das US-Magazin *Time*: »How Wall Street Won«. Das nüchterne Fazit lautete: »Das Problem der Banken ist nicht beseitigt. Die Banken sind genauso komplex und global und sogar noch größer, als sie vor der Krise waren. Die größten Banken machen einen größeren Anteil des Bruttoinlandsprodukts aus als vor der Krise.«

Ist dies in Europa oder speziell in Deutschland anders? Keineswegs. »Die Dämonen sind nicht weg, sie schlafen nur«, sagt der ehemalige Vorsitzende der Euro-Gruppe Jean-Claude Juncker im Gespräch mit dem SPIEGEL. Die Euro-Zone hat seit Ausbruch der Krise eine Beschneidung der Banken nicht wirklich geschafft. Noch immer liegen die Bilanzen der Geldinstitute rund dreieinhalb Mal so hoch wie die Wirtschaftsleistung der Währungsunion. Die Amerikaner sind in diesem Punkt weiter: Sie haben eine höhere Eigenkapitalisierung ihrer Banken durchgesetzt, auch wenn längst noch nicht alle Regulierungsmaßnahmen umgesetzt sind. Außerdem drängen sie darauf, dass die Banken nicht mehr gleichzeitig mit eigenem Geld und dem Kapital ihrer Kunden zocken dürfen.

Eben weil diese Probleme gerade in Europa nicht wirklich angegangen wurden, mutete der Auftritt des EU-Ratspräsidenten Herman van Rompuy vor den Vereinten Nationen im Herbst 2013 beinahe bizarr an. Rompuy betonte, die »existentielle Bedrohung« des Euro sei endgültig vorbei. Es stimmte zwar, dass zum Zeitpunkt seiner Rede eine relativ stabile Ruhe an den internationalen Finanzmärkten und innerhalb der Euro-Zone eingetreten war. Der Belgier verschwieg aber, dass diese Ruhe maßgeblich auf einem »schmutzigen Geheimnis« basierte, wie es die *Zeit* nannte. Denn zwar verweigerten maßgebliche

Kräfte der Euro-Gruppe zu diesem Zeitpunkt weiterhin einen Schuldentilgungsfonds oder gar Euro-Bonds; aber beispielsweise Angela Merkel mochte nicht auf einen politischen Kniff verzichten, den sie »in ihrem ursprünglichen Sanierungsplan – der lediglich neue Hilfe für Krisenländer im Gegenzug für scharfe Sparauflagen vorsah – keineswegs vorgesehen hatte«, wie die *Zeit* schreibt. Dessen Ankündigung wurde am 26. Juli 2012 im Lancaster House in London vollzogen, wo sich Colin Firth für die Schlussszene in *The King's Speech* filmen ließ, der Geschichte über den britischen König George VI., der bei einer in alle Welt übertragenen Rede sein Stottern überwand.

»Draghi stotterte nicht«, beschrieb die *Süddeutsche Zeitung* das Szenario, »er wählte jedes Wort mit Sorgfalt, artikulierte deutlich: In Minute sieben seiner elfminütigen Ansprache war es so weit: ›Innerhalb unseres Mandats ist die EZB bereit, alles Erforderliche zu tun, um den Euro zu erhalten.‹ Dann machte Draghi eine Pause von zwei Sekunden, in denen er die Augen starr auf das Publikum richtete, um dann entschlossen zu sagen: ›Und glauben Sie mir, es wird ausreichen.‹«

Es handelte sich um die Ankündigung von EZB-Präsident Mario Draghi, fortan in unbegrenzter Weise Staatsanleihen von Krisenstaaten aufzukaufen. Für die Kanzlerin erwies sich diese Maßnahme als sehr attraktiv: Sie muss nicht vom Bundestag abgesegnet oder in Gremien diskutiert werden.

Ist das nur der erste Schritt auf dem Weg zu Euro-Bonds? Angela Merkel sträubt sich dagegen, viele Experten aber halten sie für unausweichlich. »Es ist nötig, innerhalb der Euro-Zone eine Solidarität zu organisieren, die eine Vergemeinschaftung von zumindest einem Teil der nationalen Schulden mit einschließt, was wiederum erlauben würde, die Zinsen erheblich zu senken«, heißt es bei Guy Verhofstadt und Daniel Cohn-Bendit. »Wenn man diese Vergemeinschaftung verweigert, privilegiert man damit die Eigentümer der Titel, die Angela Merkel am Anfang der Krise noch zum Zahlen zwingen wollte. Man muss klar sehen, wie widersprüchlich das ist. Denn mit dem Europäischen Stabilitätsfonds und dem Europäischen Stabilitätsmechanismus, die dieses Problem nicht strukturell lösen und die eine Vergemeinschaftung der Schulden verhindern sollen, hat man sich dafür entschieden, die deutschen Steuerzahler zur Kasse zu bitten, die die deutsche Kanzlerin ja eigentlich davor schützen wollte.«

Fest steht, dass die Aufkauf-Politik der EZB nicht dauerhaft geeignet ist, die Krise zu lösen. Draghis Kurs ist eher ein Instrument, Zeit zu gewinnen. Die entscheidende Frage wird sein, wie diese Verschnaufpause, die zu Ruhe an den Märkten führte, genutzt wird. Dies offen anzusprechen, sei eine politische Aufgabe, schreibt die Glienicker Gruppe, ein Zusammenschluss von elf deutschen Ökonomen, Politologen und Juristen, in ihrem in der *Zeit* veröffentlichten Positionspapier »Mobil, gerecht, einig« für ein vertieftes Europa. Weiter heißt es dort: »Denn die Märkte lassen sich nur durch ein Bündel von Maßnahmen dauerhaft beherrschen: die gemeinsame Haftung, die Abschreckung von Investoren und vor allem eine bessere Regulierung der europäischen Banken. Eine robuste Bankenunion und eine solide Kapitalisierung, überwacht durch eine Bankenaufsicht, könnten schon helfen.«

Das monatelange Gezerre um die Ausgestaltung der Bankenunion Ende 2013 offenbart jedoch die Schwierigkeiten einer europaweiten Abstimmung. Zwar bestand unter den Mitgliedsstaaten Einigkeit über die Ziele des Projekts – vor allem sollten nationale Aufsichtsbehörden nicht mehr allein für die Überwachung nationaler Banken zuständig sein und die fatale Verknüpfung von Staats- und Bankenkrisen gelöst werden –, aber insbesondere Berlin blockierte eine rasche Einigung. Manche Finanzexperten waren verwundert über die Einwände und die zahlreichen juristischen Grundsatzfragen, die Deutschland während der Konsultationen immer wieder aufwarf. Derlei Details seien aus Berliner Sicht mit Blick auf eine drohende Klage vor dem Bundesverfassungsgericht natürlich wichtig, sagte der Politikwissenschaftler Jacob Funk Kirkegaard vom einflussreichen Peterson Institute for International Economics in Washington. »Über das institutionelle Geplänkel schienen die Deutschen aber die Kernideen der Bankenunion aus den Augen zu verlieren.«

Kann der nun beschlossene Rahmen der Bankenunion – eine Kompromisslösung, die niemanden wirklich zufrieden stellt – die ursprünglich gehegten Erwartungen erfüllen? Wohl kaum. Der politische Wille, der für einen veritablen politischen und regulatorischen Durchbruch nötig gewesen wäre, fehlte. Und die mangelnde Vision der deutschen wie der europäischen politischen Klasse ist umso erstaunlicher, wenn man bedenkt, dass das Vorhaben der Einheitswährung vor allem auf politische Beweggründe zurückzuführen ist, so David Marsh. Zur Einführung des Euro gab die Politik den Märkten die Richtung vor – es ist höchste Zeit, sie in der Krise wieder an diese ureigene Aufgabe zu erinnern.

GESPRÄCH

»Ich werbe nicht für politische Weichenstellungen, um Profit zu machen«

SCHMITZ: Herr Soros, der SPIEGEL hat in den vergangenen Jahren mehrere Interviews mit Ihnen veröffentlicht. Jedes Mal erhielten wir zahlreiche wütende Leserzuschriften. Der Tenor lautete: »Warum geben Sie einem Mann, der mehrfach die Stabilität des Weltfinanzsystems untergraben hat, eine Bühne, um nun Ratschläge für die Ausgestaltung dieses Finanzsystems zu erteilen?«

SOROS: Ich kann solche Reaktionen durchaus verstehen, schließlich sind Hedgefonds-Investoren wie ich in Deutschland denkbar schlecht angesehen. Aber die Kritiker sollten eines bedenken: Ich kenne dieses System besser als seine bestellten Aufseher, schließlich war ich als Investor im Rahmen dieses Systems höchst erfolgreich. Und wer ist qualifizierter, es zu kritisieren und möglicherweise zu verbessern, als jemand, der darin viel Erfolg hatte?

SCHMITZ: Stört es Sie gar nicht, wenn Leute Sie abschätzig einen Spekulanten nennen?

SOROS: Überhaupt nicht. Ich bezeichne mich ja selbst so. Als die Universität Oxford mir den Ehrendoktor verlieh, wurde ich gefragt, wie ich vorgestellt werden wollte, und ich antwortete: Finanzieller, philanthropischer und philosophischer Spekulant.

SCHMITZ: Spekulation im großen Stil ist lukrativ, aber auch brandgefährlich. Sie kann Märkte destabilisieren und zu weltweiten Verwerfungen führen.

SOROS: Das mag ja sein, aber was wollen Sie mir eigentlich vorwerfen? Ich halte mich jedenfalls stets an Regeln und Gesetze. Wann immer ich mit Spekulationen erfolgreich war, bewies dies nur eins: dass Fehler oder Schwächen im bestehenden System existierten, die Marktteilnehmern – auch Spekulanten – eine Gelegenheit eröffneten. Als Lehre daraus habe ich ja einen beträchtlichen Teil meiner Zeit und meines Vermögens darauf verwendet, neue Regeln für die Weltfinanzmärkte vorzuschlagen. Darunter übrigens auch Änderungen, die mir persönlich schaden würden.

SCHMITZ: Können Sie uns dafür ein Beispiel geben?

SOROS: Ich habe ein Verbot von besonders gefährlichen Finanzinstrumenten wie Credit Default Swaps gefordert, die ich für tickende Zeitbomben halte – obwohl sie für Anleger wie mich sehr lukrativ sein können. Andere Hedgefonds-Milliardäre zahlen zudem Millionen Dollar an Lobbyisten, um höhere Steuern für ihre Industrie zu verhindern. Ich hingegen kämpfe für höhere Steuern auf Kapitalerlöse. Was natürlich heißen würde, dass auch ich in Zukunft mehr zahlen müsste.

SCHMITZ: Das klingt ja nobel, mindert aber die Skepsis vieler Menschen gegenüber internationalen Spekulanten nicht. Sie geben Ihnen und Ihren Kollegen Mitschuld am Ausbruch der letzten Weltfinanzkrise. Ist das einer der Gründe, warum Sie so viele Milliarden Dollar für wohltätige Zwecke ausgeben?

SOROS: Sie glauben also, ich spende nur aus schlechtem Gewissen?

SCHMITZ: Ist das nicht in gewisser Weise der Fall?

SOROS: Überhaupt nicht. Ich habe keine Gewissensbisse. Die großen Spekulationen, an denen ich beteiligt war, hätten sich auch ereignet, wenn ich niemals geboren worden wäre. Auch dann wäre etwa das britische Pfund Anfang der 1990er Jahre aus dem europäischen Währungssystem gedrängt worden. Mein Talent war, Gelegenheiten zu erkennen und zu nutzen. Ich habe diese Gelegenheiten nicht selbst geschaffen.

SCHMITZ: Das ist eine sehr bequeme Ausrede: Jemand anderes hätte es ohnehin getan. Außerdem spielen Sie Ihren Einfluss herunter. Wenn Sie für beziehungsweise gegen Währungen oder Rohstoffe wetten, folgen Ihnen viele andere Investoren. Und auf diese Weise beeinflussen Sie Märkte.

SOROS: Da ist etwas dran. Seitdem ich in der öffentlichen Wahrnehmung zum Mann wurde, der die Bank of England »knackte«, gelte ich als Finanzguru, der Märkte eigenhändig beeinflussen kann. Deswegen bin ich in meinen öffentlichen Äußerungen etwas vorsichtiger geworden – ähnlich wie Warren Buffett, dessen Aussagen genauso haarklein analysiert werden. Es ist gar nicht so leicht, zugleich Anleger und Orakel zu sein.

SCHMITZ: Das klingt sehr verantwortungsbewusst. Aber als Sie gegen das britische Pfund spekulierten, führte der Austritt Großbritanniens aus dem europäischen Währungssystem zu Chaos an den Märkten. Viele Menschen verloren Geld. Sie hingegen verdienten buchstäblich über Nacht mehr als eine Milliarde Dollar.

SOROS: Noch mal: Zur Pfund-Krise wäre es ganz ohne mein Zutun gekommen. Wenn Märkte normal funktionieren, kann kein einzelner Marktteilnehmer oder Spekulant sie beeinflussen. Das britische Pfund war eindeutig überbewertet, das hat damals selbst der Präsident der Deutschen Bundesbank, Helmut Schlesinger, öffentlich gesagt. Meine Spekulation wäre nicht erfolgreich gewesen, wenn ich ganz allein auf diese Entwicklung gesetzt hätte. Ich hatte Erfolg, weil viele Marktteilnehmer das Gleiche taten. Großbritanniens Entscheidung, so lange im Währungssystem zu verbleiben und das Pfund überbewertet zu lassen, führte zu diesem Trend. Wäre ich also zurückhaltender gewesen, hätte dies gar keinen Unterschied gemacht. Außerdem wird eins oft vergessen: Nachdem Großbritannien aus dem Währungsverbund ausschied und das Pfund abwertete, ging es seiner Wirtschaft bald besser. Das Land schaffte es binnen Monaten aus der Rezession und erlebte eine sehr lange Wachstumsphase. Das musste später sogar der damalige Premier John Major zugeben, der zunächst versucht hatte, meine Spekulation mit Milliarden zu bekämpfen.

SCHMITZ: Sie wollen Ihre hochlukrative Spekulation gegen das Pfund ernsthaft als wohltätige Aktion schildern, die bloß Schwächen im System aufdecken sollte?

SOROS: Ich gebe zu, damals ging es mir nicht darum, das System zu verbessern. Ich habe darauf spekuliert, dass das Pfund abgewertet werden müsste, und ich lag richtig. Also verdiente ich viel Geld. Hätte ich falsch gelegen, hätte ich Geld verloren. Heute ist meine Lage anders: Ich kann es mir längst leisten, für Prinzipien einzustehen. Klar, ich kann nicht von anderen verlangen, das Gleiche zu tun. Schließlich habe ich auch erst angefangen, so zu handeln, als ich sehr viel Geld verdient hatte. Und wenn es mir früher immer nur um Prinzipien gegangen wäre, wäre ich wohl nicht so reich geworden. Aber ich bleibe dabei: Wenn Spekulanten wie ich Schwächen im System aufdecken, nützt dies letztlich der Öffentlichkeit.
SCHMITZ: Lassen Sie uns noch einmal Ihre berühmte Spekulation gegen das britische Pfund anschauen: In den Monaten zuvor liehen Sie sich 10 Milliarden Dollar ...
SOROS: Korrekt.
SCHMITZ: Was hätte gedroht, wäre Ihre Spekulation fehlgeschlagen? Noch größeres Chaos an den Märkten, weil Sie für Ihre Verluste nicht hätten aufkommen können?
SOROS: So, wie meine Wette strukturiert war, konnte ich nur so viel Geld verlieren, wie ich mir hätte leisten können.
SCHMITZ: Aber was wäre mit den geliehenen 10 Milliarden Dollar passiert? Wer hätte diesen enormen Betrag zurückgezahlt?
SOROS: Ich natürlich! Aber es handelte sich um einen sogenannten »asymmetric bet«, eine asymmetrisch strukturierte Wette. Ich hätte nur die Leihkosten plus 2 Prozent bezahlen müssen, das wäre kein Problem gewesen. Wenn

das britische Pfund im Währungssystem verblieben wäre, hätte es maximal 2 Prozent zulegen können. Also lag der maximale Verlust pro Dollar bei 2 Cent. Natürlich ist es anders gekommen: Das Pfund musste schließlich um 20 Prozent abwerten, und meine Gewinnmarge lag bei 20 Prozent.

SCHMITZ: Wenn Menschen heute die Gefahren von »short selling« beschreiben, verweisen sie oft auf Ihre legendäre Spekulation gegen das Pfund: Investoren setzen wenig eigenes Kapital ein, kaufen aber für viel geliehenes Geld Aktien oder Optionsscheine – und sorgen so für Unruhe an den Märkten. Das soll kein Problem sein?

SOROS: Doch, ich sehe diese Gefahr mittlerweile auch. Wenn »short selling« missbraucht wird, können Investoren Institutionen oder Firmen zerstören, die sonst völlig gesund sind. Deswegen sollte es aus meiner Sicht Schranken für »short selling« geben, und auch ein Verbot von CDS, die maßgeblich verantwortlich für die Weltfinanzkrise waren. Nur wem die Anlagen dahinter wirklich gehören, sollte solche Instrumente erwerben können. Das würde ihre Gefahr massiv eindämmen.

SCHMITZ: Wenn ihre Risiken so offensichtlich sind, wie konnten diese Finanzinstrumente dann überhaupt so populär werden?

SOROS: Das Konzept hinter CDS hörte sich ja gut an: Sie fungieren als eine Art Versicherung gegen das Risiko, dass Anleihen wertlos werden. Aber weil sie gehandelt werden können, mutierten sie zu perfekten Werkzeugen, um auf absteigende Entwicklungen in Firmen oder ganzen Ländern zu wetten. Das Problem ist, dass diese Spekulation eine Eigenwirkung entfalten kann. Die Anhänger einer Theorie effizienter Märkte gehen zwar davon aus, dass die Preise von Finanzinstrumenten stets alle verfügbaren Informationen reflektieren und damit ihren realen Wert korrekt abbilden …

SCHMITZ: … aber spätestens der große Crash im Jahr 2008 bewies dann, dass diese Annahme falsch ist?

SOROS: Genau. Finanzmärkte bilden nämlich nicht die Realität, sondern die Zukunft ab. Es geht ihnen auch um Erwartungen und Hoffnungen, nicht nur um Fakten und Wissen. Deshalb stimmen Preise und Kurse keineswegs immer mit den fundamentalen Daten überein. Davon sind Bankinstitute besonders betroffen, denn ihre wichtigste Währung ist Vertrauen. Ist dieses erst einmal erschüttert, können sie durch Kreditinstrumente wie CDS in einen Teufelskreis geraten: Auch wenn sie eigentlich noch über solide Werte verfügen, fällt ihr Aktienkurs dramatisch, und sie müssen immer höhere Zinsen für neue Kredite bezahlen.

SCHMITZ: Wie wir es gleich mehrfach während der Weltfinanzkrise erlebt haben …

SOROS: Institutionen wie AIG, Bear Stearns, Lehman Brothers und andere wurden Opfer dieser Entwicklung. Weil Anleger deren Aktien »geshortet«, also auf fallende Kurse gesetzt hatten und zudem CDS ihre verheerende Wirkung entfalteten, konnten sie sich dem Abwärtssog nicht mehr entziehen. Wie gesund oder krank die Einrichtungen wirklich waren, spielte gar keine Rolle mehr. Und die sogenannte »uptick rule«, nach der »short seller«

ihre Aktien nur verkaufen dürfen, wenn die Kurse steigen, war abgeschafft worden. All dies vermischte sich zu einem gefährlichen Cocktail. CDS sind wirklich tickende Zeitbomben.

SCHMITZ: Sie haben gesagt, es sei schwer, gleichzeitig Orakel und Anleger zu sein. Trennen Sie Ihre Rollen wirklich so sorgfältig? Sie fordern seit Ausbruch der Krise etwa eine Fortsetzung der billigen Geldpolitik der Notenbanken – was Investoren wie Ihnen nützt.

SOROS: Das stimmt. Aber diese Politik hilft auch allen anderen Großanlegern. Und sie hat obendrein den schönen Begleiteffekt, der Weltwirtschaft wieder auf die Sprünge zu helfen. Nach beinahe 60 Jahren als Investor glaube ich wirklich, dass ich das Weltfinanzsystem besser durchschaue als andere. Also sehe ich es als meine Pflicht an, mich als Bürger zu bestimmten ökonomischen Strategien zu äußern. Ich werbe nicht für politische Weichenstellungen, um Profit zu machen. Mir geht es um das öffentliche Wohl.

SCHMITZ: Verspürten Sie jemals die Versuchung, gegen den Euro zu spekulieren – trotz Ihrer Liebe zu Europa?

SOROS: Selbst wenn ich diese Versuchung verspürte, würde ich kaum gegen den Euro wetten. Europas Währung ist ja nicht überbewertet. Die Deutschen beharren auf ihrem Sparkurs und einer konservativen Geldpolitik, anders als die Billig-Geld-Politik der Amerikaner oder Japaner. Also dürfte der Euro als Währung in der Zukunft eher aufwerten oder zumindest stabil bleiben. Was natürlich nicht heißt, dass es Europa unbedingt besser geht.

SCHMITZ: Aber wird das so bleiben, wenn es wieder zur Krise kommt? Andere Hedgefonds-Manager wirken immer noch entschlossen, gegen Europas Währung zu spekulieren. Welche Rolle haben Spekulanten überhaupt in der Euro-Krise gespielt?

SOROS: Sie tragen nicht die Schuld an dieser Krise, wie Politiker gerne behaupten. Spekulanten haben Schwächen in der Struktur der Euro-Zone aufgedeckt, die früher oder später ohnehin zutage getreten wären. Studien haben bewiesen, dass die Zahl spekulativer Anlagen – etwa die Ankäufe von CDS in europäischen Staatsanleihen – in den Wochen und Monaten vor Ausbruch der Krise nicht besonders hoch war. Die Story über eine orchestrierte Attacke von amerikanischen Hedgefonds gegen den Euro ist ein Mythos.

SCHMITZ: Ach so, die Spekulanten sind also völlig unschuldig gewesen?

SOROS: Sie hatten schon viel Einfluss. Denn Märkte bilden, anders als Marktfundamentalisten glauben, nicht die Realität ab. Sie schaffen selbst Realitäten. Und – das versucht meine Theorie der Reflexivität zu erklären, in der ich im Gegensatz zur traditionellen »Rational-Choice«-Theorie davon ausgehe, dass Marktteilnehmer nie wirklich rational handeln – sie neigen zu Überreaktionen, wie nach der Ankündigung von Kanzlerin Angela Merkel, dass einzelne EU-Mitgliedsstaaten weiter für Bankenrettungen und Schuldenhaftung zuständig seien, nicht die EU insgesamt. Das war politisch geschickt von ihr, weil die deutschen Wähler solch eine Haftung auch nicht wollten. Aber Merkel sendete mit ihrer Bemerkung ein verheerendes Signal an die nervösen Anleger.

SCHMITZ: Weil diese plötzlich Europas große Schwäche witterten: dass einzelne Mitgliedsstaaten pleitegehen können?

SOROS: Merkels Aussage war vermutlich der bislang größte Fehler der Euro-Krise. Das Projekt, einen Schutzwall gegen Spekulanten aufzubauen, war gescheitert. Hätte die Kanzlerin sich anders geäußert, hätte es die Euro-Krise in ihrer jetzigen Form nicht gegeben.

SCHMITZ: Weil Spekulanten dann geglaubt hätten, die EU sei mit Japan oder den USA zu vergleichen, denen trotz gewaltiger Schulden kein Staatsbankrott droht, schließlich steht dort hinter der Währung eine ganze Nation mit einer Zentralbank?

SOROS: Genau. Es dauerte zwar beinahe ein Jahr, bis die Märkte diese Schwäche begriffen. Erst blieben die Zinsen in Europa niedrig, weil Spekulanten es immer noch nicht für möglich hielten, dass eines der EU-Mitglieder wirklich bankrottgehen könnte. Aber dann ereignete sich der Griechenland-Schock, und sie begriffen, dass das Überleben dieses Staates auf dem Spiel stand. Danach überreagierten die Anleger mal wieder: Auf einmal straften sie alle Länder ab und setzten auf mögliche Bankrotts auch in anderen Staaten wie Spanien oder Italien, deren Lage mit der in Griechenland überhaupt nicht zu vergleichen war. Das zeigt uns, dass Märkte keineswegs rational agieren. Und dass sie eine Krise unheimlich zuspitzen und beschleunigen können, wie es in der Euro-Krise der Fall war.

SCHMITZ: Sie glauben trotzdem, dass Politiker Märkte immer noch beherrschen können?
SOROS: Ja, und das gilt nicht allein für die Vergangenheit. Gäbe Kanzlerin Merkel heute ihre Opposition zu Euro-Bonds auf, wäre die Wirkung nicht weniger als wunderbar. Die Kosten für Krisenstaaten, sich Kapital zu leihen, würden dramatisch sinken, weil sie nicht mehr hohe Risikoaufschläge an den Finanzmärkten bezahlen müssten.
SCHMITZ: Aber sind die Vorschläge für mehr Regulierung eigentlich realistisch? Lassen sich Märkte wirklich zähmen?
SOROS: Der Kampf zwischen Aufsichtsbehörden und Spekulanten kommt einem oft vor wie ein Katz-und-Maus-Spiel …
SCHMITZ: … bei dem die Mäuse, also die Investoren, oft zu gewinnen scheinen.
SOROS: Weil sie auf die Unterstützung jener Stimmen bauen können, die ich Marktfundamentalisten nenne. Unser großer amerikanischer »Volksheld« Ronald Reagan etwa glaubte, dass Märkte unfehlbar seien und alle Probleme von selbst lösten. Er sprach sogar von der »Magie der Märkte«. Was für ein Unsinn!
SCHMITZ: Ausgerechnet Sie wollen also eine schärfere Regulierung der Märkte?
SOROS: Auf jeden Fall. Wir müssen zudem begreifen, dass Regulierung immer Lücken lässt. Also muss man ständig nachjustieren, um diese zu füllen. Wir sollten so wenig Regulierung wie möglich haben, aber wir brauchen eine enge Zusammenarbeit zwischen Regulierungsbehörden

und Anlegern, so wie in der Zeit nach dem Zweiten Weltkrieg. Die Bank of England war damals ein sehr weiser Regulator, weil sie in direktem Austausch mit den führenden Investoren stand. Dieser Geist der Kooperation wurde zerstört, als Marktfundamentalisten auf einmal glaubten, der Markt könne alles selbst regeln und Regulierung sei immer falsch.

SCHMITZ: In Deutschland haben wir noch enge Bande zwischen Markt und Politik. In unseren Landesbanken beispielsweise sitzen Politiker in den Aufsichtsräten und haben viel Einfluss. Dieses Modell hat sich in der aktuellen Krise nicht bewährt. Die Landesbanken haben Milliarden von Euro verzockt.

SOROS: Diese Public-Private-Partnerschaften sind brandgefährlich. Sehen Sie nur, was in den USA passierte: Halbstaatliche Hypothekenbanken wie Fannie Mae oder Freddie Mac haben die Immobilienkrise maßgeblich mitverschuldet. Der Staat soll Regeln setzen und deren Einhaltung überwachen, aber nicht selbst zocken. Alles andere ist eine besonders raffinierte Form der Korruption.

SCHMITZ: Und Sie glauben, Politiker können diese Regeln immer noch setzen?

SOROS: Absolut, im Guten wie im Schlechten. Politiker haben die Strukturen und Regeln der Euro-Zone festgelegt und daran eisern festgehalten, was die aktuelle Krise so schlimm werden ließ. Sie haben selbst dann nicht ihren Kurs geändert, als klar wurde, dass Vorschriften wie die Maastricht-Kriterien nicht eingehalten worden waren und andere Vorgaben wie das Verbot eines Bail out sich nicht bewährt hatten. Also stehen wir letztlich vor einer staatlich verschuldeten Krise, auch wenn Politiker das nicht gerne hören.

SCHMITZ: Warum brauchten die Märkte eigentlich so lange, diese Strukturschwächen der Euro-Zone zu erkennen?

SOROS: Weil die staatlichen Stellen alles getan haben, um diese zu verdecken. Sie haben Staatsanleihen als risikolos eingestuft, so war es im Maastricht-Vertrag vorgesehen. Diese Praxis änderte sich selbst dann nicht, als deren Risiken klar zutage traten. Aus diesem Grund mussten die Investoren ja glauben, es werde schon nichts passieren. Bis sie das irgendwann nicht mehr dachten und dann die Schwächen umso deutlicher offenlegten.

SCHMITZ: Trotz der Krisenjahre ist der Euro immer noch ziemlich stark. Warum eigentlich?

SOROS: Eine Weile ist die Währung sehr steil gefallen. Das half den Krisenländern, weil sie international wettbewerbsfähiger wurden, aber der Trend war trotzdem beunruhigend. Also griffen die Chinesen durch Ankäufe stützend ein, da sie den Euro als Alternative zum Dollar bewahren wollten und sich Sorgen um ihren wichtigen Absatzmarkt Europa machten.

SCHMITZ: Werden die Chinesen noch einmal den Euro stützen? Führende chinesische Offizielle machen keinen Hehl daraus, dass sie mit dem Krisenmanagement der Europäer nicht zufrieden sind.

SOROS: Die Bereitschaft der Chinesen ist vielleicht etwas gesunken, aber sie ist immer noch da. Wichtiger aber ist: Die einflussreichsten Akteure in den Währungsmärkten sind immer noch die Zentralbanken. Sie können viel mehr bewegen als alle Hedgefonds zusammen.

SCHMITZ: Welchen Einfluss haben sie denn auf Europas Bankensystem?

SOROS: Sie lassen immer noch zu, dass die Bilanzen dieser Banken nicht stimmig sind. Nach wie vor können diese beispielsweise erworbene Staatsanleihen zum vollen Gegenwert in ihren Bilanzen notieren, sie müssen die bereits besiegelten Verluste nicht einmal ausweisen. Wenn diese Kapitallücken der Banken erst einmal zutage treten – etwa durch ernsthafte Stresstests –, können wir rasch eine neue Krise erleben.

SCHMITZ: Auf beiden Seiten des Atlantiks haben wir immer noch Banken, die zu groß sind, um bankrottgehen zu können. Das »Too big to fail«-Problem ist also nicht verschwunden.

SOROS: Die Aufsichtsbehörden haben sehr lange gebraucht, um sich wenigstens auf Minimalkompromisse zu brauchbaren Mechanismen für die Bankenabwicklung einigen zu können. Sie scheinen sich eher um die nächste Krise zu sorgen, denn neue Regeln dürften frühestens 2018 oder 2020 eingeführt werden. Wir bräuchten aber jetzt klare Vorschriften. Vor allem aber muss man die Kapitalpolster der Banken erhöhen, damit sie wieder Kredite vergeben können. Die EZB war erfolgreich darin, Liquidität in die Banken zu pumpen. Doch das Geld fließt nicht aus ihnen heraus. Die Banken investieren es nur in Staatsanleihen, weil sie dafür kein eigenes Kapital einsetzen müssen. Aber sie leihen zu wenig Geld an kleine oder mittelständische

Unternehmen, weil sie dann selbst Kapital hinterlegen müssten und befürchten, bei Stresstests zu scheitern. Also haben wir eine Kreditklemme, insbesondere in Italien, aber auch in Spanien. Das verschärft natürlich die Wirtschaftskrise in diesen Ländern.

SCHMITZ: Das größte Problem ist doch: Europas Banken betreiben internationale Geschäfte. Aber wenn sie bankrottgehen, ist die Rettung oder Abwicklung eine nationale Aufgabe.

SOROS: Genau. Und das hat ebenfalls mit der verhängnisvollen Entscheidung zu tun, jedes Mitgliedsland für seine eigenen Banken haften zu lassen. Das hat zu einer Renationalisierung des Bankensystems geführt – und dafür gesorgt, dass jedes Land nur die Interessen seiner eigenen Banken im Auge behält. Das trägt zur Zersplitterung der Europäischen Union ganz entscheidend bei.

SCHMITZ: Sie erwarten also eine neue Spaltung des Kontinents: die Banken im Norden gegen die Banken im Süden?

SOROS: Die wahre Spaltung verläuft natürlich zwischen Gläubigern und Schuldnern. Aber das deckt sich leider ziemlich genau mit der Aufteilung Nord gegen Süd.

SCHMITZ: Was halten Sie von Kanzlerin Merkels Vorschlag, Hedgefonds zu beschränken?

SOROS: Ach, das ist die übliche Vorgehensweise: »Shoot the messenger«. Es ist populär, uns Anleger für Krisen verantwortlich zu machen, auch wenn unsere Investments meist Schwächen im System offenlegen, wie ich beschrieben habe. Natürlich gibt es schwarze Schafe in meiner Branche, das leugne ich gar nicht.

SCHMITZ: Sie wollen uns also sagen, dass die Welt Hedgefonds braucht?

SOROS: Sie bieten eine sehr effiziente Methode, Geld zu managen und anzulegen. Aber natürlich sehe auch ich die Risiken. Hedgefonds nutzen umfangreiche Kredite, und jedem Kreditgeschäft wohnt Instabilität inne. Meine Lösung lautet: Alle Kreditgeschäfte müssen schärfer reguliert werden.

SCHMITZ: Das ändert wenig daran, dass Bürger den Banken an der Wall Street nicht mehr trauen. Und den Finanzaufsehern auch nicht.

SOROS: Das verstehe ich gut. An der Wall Street geht es um Profit, und die Jagd danach deckt sich nur selten mit dem öffentlichen Wohl. Ich habe die Occupy-Wall-Street-Bewegung in den USA unterstützt, weil viele normale Bürger Opfer der Wall Street geworden sind. Am schlimmsten war, dass diese Institutionen Hilfe vom Staat – und den Steuerzahlern – erwarteten, als sie sich verzockt hatten. Jetzt, wo sie wieder Gewinne schreiben, schimpfen sie erneut auf den Staat.

SCHMITZ: Bis zu 40 Prozent der Harvard-Absolventen begannen vor der Krise, im Finanzsektor zu arbeiten, weil sich dort so viel Geld machen lässt. Wie verändert so ein Trend eine Gesellschaft?

SOROS: Die Profitmargen in der Finanzindustrie sind schlicht exzessiv. Ich habe davon selbst profitiert, aber ich kritisiere das trotzdem. In den USA oder Großbritannien stammten eine Zeitlang 35 Prozent der Unternehmensgewinne aus dem Finanzsektor. Das ist doch verrückt, und es hält die ganze Gesellschaft davon ab, Nützliches zu produzieren, weil die Kreativität der schlauesten Leute nur in die Entwicklung neuer Finanzprodukte fließt. Deswegen ist die Exportstärke Großbritanniens und der USA in anderen Branchen als dem Finanzsektor ja auch deutlich gesunken. Aber solange die Finanzindustrie mit ihrem Geld so viel Einfluss auf die nationale Politik hat, wird sich daran wenig ändern.

SCHMITZ: In der Euro-Krise wird seit Langem darüber gestritten, ob private Anleger einen Schuldenschnitt in Krisenländern wie Griechenland oder Spanien akzeptieren müssen. Wie ist Ihre Meinung dazu?

SOROS: Das ist ein sehr schwieriges Thema. Es ist, als ob man rückwirkend die Regeln ändern würde – man hatte den Anlegern ja vorher gesagt, Investitionen in Staatsanleihen seien ohne Risiko.

SCHMITZ: Gehört es nicht zu den Risiken des Anlagegeschäfts, dass sich Regeln auch mal ändern können?

SOROS: Es ist aber höchst unfair. Nicht gegenüber den einzelnen Anlegern, sondern gegenüber Ländern, in die wegen dieser Regeln viel Geld geflossen ist. Ich denke dabei gar nicht zuallererst an Griechenland, wo private und staatliche Eliten wirklich massiv betrogen haben (und leider haben diese schuldigen Eliten ihr Geld vermutlich längst in die Schweiz gebracht). Aber Länder wie Spanien waren fiskal verantwortungsbewusster als selbst Deutschland – sie würden massiv darunter leiden, wenn nach einer Regeländerung Investoren als Risikoausgleich noch höhere Zinszahlungen von ihnen erwarteten.

SCHMITZ: Aber warum sollten private Investoren nicht büßen müssen?
SOROS: Das Gefühl ist ja verständlich. Aber es geht um den richtigen Zeitpunkt. Jetzt die Regeln zu ändern wäre grundverkehrt. Man hätte dies tun müssen, als der Euro eingeführt wurde. Wenn die Regeländerung jetzt rückwirkend geschieht, sorgt das dafür, dass große Teile der Euro-Zone im Stillstand verharren müssen.
SCHMITZ: Sie sind eine faszinierende Figur: Es fällt vielen schwer zu sagen, ob Sie ein Heiliger oder ein Bösewicht sind. Sie haben mit kontroversen Anlagen ein Milliardenvermögen aufgebaut – aber auch Milliarden Dollar für wohltätige Zwecke in der ganzen Welt gespendet. Wie sehen Sie sich eigentlich selbst?
SOROS: Das ist eine gute Frage. John D. Rockefeller hätte diese Frage leichter beantworten können. Er lancierte eine Stiftung, als ihm als damals reichster Mensch der USA Monopolismus vorgehalten wurde. Es ging ihm darum, sein Image zu verbessern. Ähnlich handelte Bill Gates, als Microsoft den Markt beherrschte. Als ich meine wohltätigen Aktivitäten begann, war ich ein ziemlich kleiner Fisch, niemand kannte mich. Mein Fonds verwaltete vielleicht 100 Millionen Dollar. Aber es genügte mir nicht mehr, einfach noch mehr Geld zu verdienen und für Anleger zu mehren. Auch wenn das vermessen klingen mag: Ich wollte die Welt verbessern. Und als ich damit einmal anfing, begriff ich, was das für ein Luxus ist. Das habe ich übrigens mittlerweile mit Bill Gates gemein. Er spricht heute viel lieber über seine Stiftung als über Microsoft.

SCHMITZ: Was haben Sie am Ende des Tages gedacht, als Sie 1992 die Bank of England geknackt hatten?
SOROS: Na ja, es war eine größere und dramatischere Wette als üblich. Aber sonst war der Tag nichts Besonderes. Ich weiß nicht einmal mehr, ob das Jahr 1992 insgesamt so gut für unseren Fonds war.
SCHMITZ: Biographen beschreiben Sie unterschiedlich: Manche sagen, Sie seien ein kühler, fast teilnahmsloser Anleger, der keine Emotionen zeige. Andere schreiben, Sie könnten vor Anspannung nicht schlafen, wenn Sie große Investitionen tätigten. Wer hat recht?
SOROS: Ich bin kein kühler Anleger, ganz im Gegenteil. Das Leben als Spekulant war unheimlich anstrengend, oft sehr belastend. Wenn es so aussah, als ob ich ganz kühl sei, wollte ich vor allem keine Schwäche zeigen, denn die könnten andere Anleger ausnutzen. Aber in Wahrheit war ich bei manchen Deals so nervös, dass ich kaum laufen oder atmen konnte.
SCHMITZ: Einem Jugendfreund haben Sie einmal gesagt, Sie spielten jeden Tag Monopoly, so wie Sie es als Kind zusammen mit Ihren Freunden taten.
SOROS: Das stimmt. Aber ich musste rasch begreifen, dass ein Hedgefonds kein Kinderspiel ist. Eines Tages dachte ich sogar, ich erleide einen Herzinfarkt, weil ich so gestresst war. Ich dachte, mein Leben sei vorbei; das war übrigens im Jahr 1979, als ich meine Stiftung gründete. Dieser neue Fokus war für mich wie ein Lebenselixier: Von da an wollte ich möglichst viel Geld für meine wohltätigen Aktivitäten verdienen.

SCHMITZ: Wovor haben Sie Angst, wenn Sie spekulieren?
SOROS: Geld zu verlieren, was denn sonst?
SCHMITZ: Aber Sie haben immer wieder gesagt, dass Ihnen Geld nicht wirklich wichtig ist. Ist das nur Koketterie?
SOROS: Nein, das stimmt, sonst würde ich ja nicht so viel Geld spenden. Aber Spekulation ist wie ein Spiel, und wenn du erfolgreich mitspielen willst, kannst du es dir nicht leisten, unachtsam oder gleichgültig zu sein. Ein bisschen erklärt sich meine Nervosität wohl auch aus meinen Erfahrungen als jüdischer Junge im Untergrund in Budapest. Überleben war mir zeit meines Lebens ein hohes Gut. Ich würde keine Risiken eingehen, die meine Existenz zerstören könnten.
SCHMITZ: Im Jahr 2008, als die Weltfinanzkrise die Märkte erschütterte, kehrten Sie aus dem Ruhestand zurück und übernahmen wieder die Kontrolle Ihres Anlagefonds. Warum?
SOROS: Ich wollte das Vermögen, das ich ein Leben lang aufgebaut hatte, nicht verlieren. Und ich glaubte, dieses immer noch besser verwalten zu können als andere Leute. Außerdem wollte ich die Lage an den Märkten in dieser schwierigen Umbruchphase verstehen. Und das kann man nur, wenn man selbst beteiligt ist.
SCHMITZ: Sie haben in dieser kurzen Zeit auch vier Milliarden Dollar verdient.
SOROS: Na ja, Geld zu verdienen ist der einzige Weg, den ich kenne, um mein Vermögen zu erhalten. Ich hatte aber ohnehin seit Langem beschlossen, den größten Teil meines Vermögens zu spenden.

SCHMITZ: Würde Ihnen persönlich etwas fehlen, wenn Sie Ihr Vermögen verlören?

SOROS: Kommt drauf an, wie viel ich verlieren würde. Wenn ich alles einbüßte, müsste ich meinen Lebensstandard anpassen. Andererseits ist dieser ohnehin nicht übermäßig luxuriös, weil ich die meisten Mittel für die Stiftung behalten will. Also wäre das kein großer Verlust. Einfach nur Geld auszugeben, um eine Show abzuziehen, ist aus meiner Sicht eine ungeheure Verschwendung.

SCHMITZ: Reizt es Sie nicht, wie andere Milliardäre eine gewaltige Kunstsammlung anzulegen oder Privatjets zu sammeln?

SOROS: Den Reiz davon verstehe ich überhaupt nicht, schon der Gedanke daran ist mir zuwider. Man müsste ja all die Gemälde, Autos oder Weinflaschen nicht nur kaufen. Man müsste auch genau erinnern, wie sie heißen und warum sie wertvoll sind. Das wäre mir viel zu anstrengend.

SCHMITZ: Jetzt mal ehrlich: Sie wachen niemals auf und denken: Heute kaufe ich mal was richtig Teures und Schönes?

SOROS: Nein. Der Luxus, den ich am meisten genieße, ist der, dass ich mir über Geld keine Gedanken machen muss. Ich bin in dieser Hinsicht sozusagen nicht an die normalen Gesetze der Schwerkraft gebunden, mit der andere Menschen fertigwerden müssen.

SCHMITZ: Ihr Vater, der so einen starken Einfluss auf Sie hatte, kehrte nach dem Ersten Weltkrieg aus der Gefangenschaft zurück und wollte sein Leben nicht mehr dem Gelderdienen widmen. Er wollte das Leben lieber genießen.

SOROS: Das ist wahr. Er verglich Geld oft mit Gepäck. Je weniger man davon hat, desto leichter wird die Reise. Also führte er mit sehr wenig Geld ein sehr glückliches Leben.
SCHMITZ: Ist es eine Hommage an Ihren Vater, dass Sie Milliarden Dollar an wohltätige Organisationen verschenken?
SOROS: Ach, Sie lesen da zu viel hinein. Ich habe mich halt dazu entschlossen, und ich bin mir sicher, meinem Vater hätte es gefallen. Geld zu verschenken gibt mir ganz sicher viel mehr Befriedigung, als Geld zu verdienen. Und ich hasse den Gedanken, was passiert wäre, wenn ich nicht so viel Geld für philanthropische und intellektuelle Abenteuer ausgegeben hätte: Meine Ideen hätten weniger Gehör gefunden.

KAPITEL 4

»Krise als Chance«

Die Zukunft Europas

38 Jahre lang hat Wesley Clark Militärstrategien entworfen, zuletzt als Oberbefehlshaber der NATO-Streitkräfte im Kosovo-Krieg. Vier Sterne hat man ihm dafür an die Uniform geheftet. Selbstbeherrschung gehörte für ihn zum Job. Doch nun ist er Pensionär. Ohne Uniform sitzt Clark im Februar 2013 bei einer Podiumsdiskussion der Harvard German Conference. Es geht um die Zukunft des Westens in der Welt, und mit der Uniform scheint Clark auch seine Zurückhaltung abgelegt zu haben. »Wir reden über die Bedrohung durch Nordkoreas Atombombe, aber wir sollten über China reden«, sagt er laut in den Raum. »Die Chinesen haben eine Strategie, und sie werden sie durchsetzen.« Pekings Reich sei einst stolzer gewesen als das der Römer, bevor es in einer Volte der Weltgeschichte zurückfiel, so Clark. »China wird nicht noch einmal diesen Fehler machen.« Die Länder des Westens könnten deshalb bald die Rolle der neuen Barbaren spielen, denen die überlegenen Chinesen gelegentlich Geschenke zusteckten.

Unter den Teilnehmern der Diskussion ist auch Frank-Walter Steinmeier, und als der General den folgenden

Ausspruch von sich gibt, wird er wohl geschluckt haben: »Man muss sich nichts vormachen. Für China liegt ihr Europäer nur noch am Rande der Welt.« Doch der Militärstratege Clark hat die Zahlen auf seiner Seite. Derzeit stellen Europäer etwas mehr als 7 Prozent der globalen Bevölkerung. Schätzungsweise im Jahr 2060 wird dieser Wert nur noch knapp über 5 Prozent liegen. »In 50 Jahren wird es etwa 500 Millionen Europäer und 500 Millionen Amerikaner geben – und acht bis neun Milliarden Bürger in anderen Weltregionen«, sagt Theo Sommer, Editor-at-Large der *Zeit*. Was das wirtschaftlich bedeutet, lässt sich unter dem Begriff »Abstieg« zusammenfassen, wie Geert Mak in *Was, wenn Europa scheitert* schreibt: »Einst stammte die Hälfte der weltweit hergestellten Produkte aus Europa, heute sind es weniger als ein Fünftel. Um 2030, so die Prognose, wird es kaum noch ein Zehntel sein. In den USA wird 2050 das Durchschnittsalter bei etwa 35 Jahren liegen, in Europa bewegt es sich dann bei um die 50 … In den USA werden 19,3 Prozent des Bruttoeinkommens der Arbeitnehmer für Rentenzahlungen verwandt. In Deutschland liegt der Prozentsatz fast doppelt so hoch, 37,2 Prozent, und in Frankreich sind es 58,6 Prozent.«

Die von Kanzlerin Angela Merkel oft zitierte Gleichung, die Europäische Union produziere 25 Prozent aller Güter weltweit, gönne sich aber die Hälfte aller sozialen Wohltaten, wird unter diesen Umständen nicht mehr gültig sein, in keiner der beiden Kategorien. Denn wenn die Zahl der produzierten Güter in Europa sinkt, wird zwangsläufig auch die soziale Großzügigkeit der EU-Mitgliedsstaaten beeinträchtigt werden.

In nur 25 Jahren wird kein einziges europäisches Land mehr zu den Global Playern zählen: Der Klub der einflussreichsten Nationen, die sogenannte G8, wird dann aus den Vereinigten Staaten, China, Indien, Japan, Brasilien, Russland, Mexiko und Indonesien bestehen. Bereits heute erwirtschaften die anderen Weltregionen zwei Drittel des globalen Wachstums. Und dieser Trend ist durch die Euro-Krise noch verschärft worden.

Sollten derlei düstere Prognosen die EU-Mitgliedsstaaten nicht näher zusammenrücken, gar die Kräfte bündeln lassen? Weit gefehlt. Die Krise hat statt zu größerer Solidarität zu größeren nationalen Egoismen geführt – weil viele Politiker in dem Irrglauben verhaftet bleiben, sie allein könnten als Sieger aus dem globalen Konkurrenzwettlauf hervorgehen. Eine breitgefächerte europäische Opposition gegen die besonders von den Deutschen gestützten Sparmaßnahmen könnte in eine mächtige Koalition aus Frankreich, Italien und Spanien münden. Und wir erleben nicht nur politisches Versagen in Krisenstaaten wie Spanien, Italien oder Griechenland, sondern auch bei den vermeintlichen Stützen des europäischen Systems in London, Paris und Berlin. Das Tandem zwischen Frankreich und Deutschland war über Jahrzehnte ein Motor der europäischen Integration. Großbritannien wiederum beäugte diese vertiefte Integration zwar stets skeptisch und hintertrieb sie bei Gelegenheit entschieden, doch es brachte als Global Player eine internationale Perspektive ein, die den europäischen Debatten oft gut tat. Diese Vorzüge scheinen jedoch gefährdet, wie ein kurzer Blick auf die jüngsten Entwicklungen in den drei Staaten offenbart:

GROSSBRITANNIEN

Die einstige Weltmacht scheint den (un)geordneten Rückzug aus Europa anzutreten, wie die kontroverse Entscheidung von Premier David Cameron zeigt, bis spätestens 2017 ein Referendum über Großbritanniens Mitgliedschaft in der Europäischen Union abzuhalten. Dieser Schritt mag Cameron mehr Spielraum im Ringen mit europafeindlichen Parteifreunden verschafft haben, deren Einfluss stetig wächst, ein Bekenntnis zu Europa sieht jedoch anders aus, wie SPIEGEL ONLINE enttäuscht kommentierte: »Januar 2013: Camerons Vision von Europa beschränkt sich auf eine Freihandelszone mit Strandzugang.«

Der Premier blockierte eine europäische Bankenunion lange, eine Abstimmung darüber verschob er wiederholt, um konservative Großspender nicht zu verärgern. Und auch sonst wendet sich das Land von der Welt ab, wie die *Financial Times* im August 2013 anmahnte: »David Camerons Konservative versprechen eine Volksabstimmung, die dazu führen könnte, dass Großbritannien seine Bande mit Europa abbricht. Es gab eine Zeit, da die Tories eine echte Wahl präsentierten: Sie sagten, gebt Europa auf, wir orientieren uns mehr zum Rest der Welt. Das stimmt aber nicht länger. Heute wollen sie die Barrikaden gegen alle hochziehen, ob Touristen, Studenten, Manager – sie alle sind für die Tories Leute, die illegale Immigranten sein könnten.«

FRANKREICH

Marine Le Pen, Tochter des Gründers der rechtsextremen Front National Jean-Marie Le Pen, buhlt für ihre Partei um Stimmen mit dem Satz, man wolle sich in seinem eigenen Land auch zu Hause fühlen. Der europäische Traum, so verkündet Le Pen, gefährde genau dies – und habe sich damit längst zum Alptraum gewandelt.

Le Pen erlebt derzeit einen Zulauf, wie ihn ihr Vater selbst zu seinen Hochzeiten nicht vorweisen konnte, die Front National hofft auf ein erstklassiges Ergebnis bei den Europawahlen. Das wäre kaum überraschend, schließlich ist Le Pens Alptraumrhetorik – die für Frankreichs aktuelle Schwierigkeiten vorwiegend Europa beziehungsweise vor allem den Nachbarn Deutschland verantwortlich macht, statt über eigene politische und ökonomische Versäumnisse zu debattieren – längst auch in den etablierten Parteien hoffähig geworden. Der französische Industrieminister Arnaud Montebourg nennt das deutsche Wirtschaftsmodell »unkooperativ, gefährlich für Frankreich und selbstmörderisch für Europa«. Und der einflussreiche Pariser Intellektuelle Emmanuel Todd sagte, es sei Ziel der deutschen Wirtschaftspolitik, seine Nachbarn zu »vernichten«.

»Es ist die deutsche Politik, die aus einer europäischen Institution, dem Rat, besonders unbeirrt und konsequent ein Gremium zur Verteidigung nationaler Interessen, vor allem der eigenen, macht«, schreibt Robert Menasse in *Der Europäische Landbote*. Auch Ulrich Beck glaubt, dass Kanzlerin Merkel sich den Spitznamen »Merkiavelli« in Europa redlich verdient habe. »Sie erfüllt die beiden Voraussetzungen des Florentiner Philosophen, die dieser als Patentrezept für die Machtsicherung entwickelt hat: gleichzeitig geliebt und gefürchtet zu werden. Nur wird Merkel daheim als fürsorgliche ›Mutti‹ geliebt, die gerne einmal Ideen der Sozialdemokraten adaptiert, die Atomkraftwerke abschaltet und vom harten konservativen Markenkern der CDU/ CSU nicht mehr viel übrig gelassen hat. Doch im Ausland wird sie als eiserne Vertreterin von Sparmaßnahmen und neoliberalem Gedankengut gefürchtet.« So schrieb denn auch die *Frankfurter Allgemeine Zeitung* nach der Bundestagswahl enttäuscht, dass Merkels Strategie des Durchwurstelns in der Euro-Krise offenbar gut ankomme, da die meisten Deutschen in Europa-Fragen verzagt seien und keine Führungsrolle für ihr Land anstreben.

Die politischen Versäumnisse auf europäischer Ebene würden nicht schwer wiegen, wäre tatsächlich – wie derzeit oft suggeriert – Ruhe in der Euro-Krise eingekehrt. Diese Schlussfolgerung ist jedoch nicht nur voreilig, sondern beinahe fahrlässig, wie schon ein Blick auf die viertgrößte europäische Volkswirtschaft, Italien, zeigt. Der Bankrott des Landes würde den neu geschaffenen Eurorettungsfonds ESM mit einem Schlag überfordern.

Auch die oft zitierte Rettung aus dem Ausland, etwa durch Euro-Ankäufe aus China (das den Eurokurs hoch halten wolle, um Exportvorteile zu bewahren und die eigenen Währungsanlagen zu diversifizieren), ist keineswegs mehr gesichert. Die weltweiten Währungsreserven in Euro sind gefallen, sie liegen derzeit nur noch bei 25 Prozent. Und China kämpft mit erheblichen eigenen Schulden, insbesondere auf kommunaler Ebene und im Unternehmenssektor. Laut Schätzungen der US-Bank Citigroup waren die chinesischen Unternehmen Ende 2012 mit rund 150 Prozent des BIP verschuldet. Über Jahre wurden sie von den staatlichen Banken so großzügig mit Krediten versorgt, dass sich eine gewaltige Schuldenblase aufpumpte, die nun zu platzen droht. Der *Economist* sieht das Land bereits in Gefahr, eine Nationen-Version der Lehman Brothers zu werden.

Und selbst wenn die Chinesen könnten, wären sie überhaupt noch an einer Stärkung des Euro interessiert? David Marsh glaubt nicht daran: »Für sie bieten sich eher die USA als intakte, wenn auch föderal zusammengesetzte Nation an. Der Staatsbankrott Griechenlands, fünfmal so groß wie Argentinien, hat sie hingegen schockiert.« Sein Resümee: Die Ausstrahlung des japanischen Yen und des chinesischen Yuan werde steigen, denn beide Länder trieben die Internationalisierung ihrer Währungen voran, damit sich öffentliche Hand, Banken und Unternehmen im Ausland in eigener Währung verschulden und so Zins- und Devisenkosten sparen könnten.

Für Guy Verhofstadt und Daniel Cohn-Bendit ist die Schlussfolgerung aus diesen Entwicklungen klar: »Entweder legen wir jetzt einen kräftigen Zahn zu auf dem Weg zu einem echten vereinigten und föderalen Europa – nicht zu einem zentralisierten Superstaat –, oder wir klammern uns weiter an den Nationalstaaten fest und verlieren damit unwiderruflich jede Hoffnung, in der globalisierten Welt des 21. Jahrhunderts eine maßgebliche Rolle zu spielen.« Ihre Forderung lautet demnach: Ausbau der Europäischen Kommission zu einer echten Regierung, mit europäischen Ministern und einem europäischen Parlament, einschließlich des Rechts, selbst als Gesetzgeber die Initiative zu ergreifen. Momentan bringt die Kommission nur dann Gesetzesnovellen ein, wenn sie vorher die Zustimmung insbesondere von Frankreich und Deutschland bekommen hat. Weiter fordern Verhofstadt und Cohn-Bendit eine europäische Staatsbürgerschaft und ein föderales Europa mit eigenen Mitteln, die direkt von den Steuern der Bürger finanziert werden. »Wir müssen von null anfangen, ein glaubwürdiges föderales Budget schaffen, sagen wir zehn Prozent des BIP der Union. Für die Bürger änderte sich nichts: Sie zahlen weiterhin ihre 40 oder 45 Prozent Steuern, nur dass davon ein Teil nach Europa und ein anderer Teil an die Staaten fließt«, heißt es in *Für Europa!*.

Die beiden Politiker erhoffen sich davon zudem eine Krisenabsicherung, wie sie in den Vereinigten Staaten besteht. Denn die Schulden Amerikas, im privaten wie im öffentlichen Bereich, seien wesentlich höher als die der Euro-Zone, aber die USA hätten keinerlei Finanzierungsprobleme, genau wie Japan, dessen Schulden 200 Prozent des BIP überschreiten. »In einem föderalen Europa mit einem anständigen Budget würde die Tatsache, dass Griechenland oder Spanien Probleme haben, die Union als Ganzes nicht tangieren, denn diese Länder hätten denselben Stellenwert wie etwa Kalifornien oder Rhode Island.«

Ähnlich argumentierte der französische EU-Kommissar Michel Barnier in einer Rede in Berlin im Mai 2011. Der Franzose schlug eine Fusion der Ämter des Kommissionspräsidenten und des Ratspräsidenten zu einem europäischen Präsidenten vor, der später sogar in »direkter Wahl« bestimmt werden könne. Und auch wenn der kanadische Wirtschaftsnobelpreisträger Robert Mundell etwas scherzhaft empfahl, Europa brauche einen »König«, so bleibt doch unbestritten: Die einzige Möglichkeit, dem Präsidenten der Kommission Macht, Unabhängigkeit und eine Stellung auf Augenhöhe mit den EU-Regierungschefs zu garantieren, wäre eine allgemeine Wahl.

Lässt sich aber eine funktionierende politische Union wirklich durch Vertragsänderungen erreichen, die von Brüsseler Eurokraten und nationalen Spitzenpolitikern ausgekungelt wird? Braucht ein solcher Schritt nicht ein breiteres Mandat? »In der Logik einer europäischen ›res publica‹, so argumentieren Ulrike Guérot und Robert Menasse in einem gemeinsamen Beitrag für die *Frankfurter Allgemeine Zeitung*, »müssten ferner die Gewinne der gesamteuropäischen Wertschöpfungskette transnational verteilt und dabei eine ökonomische Bilanz zwischen Zentrum und Peripherie gefunden werden. In dieser Logik würde eine europäische Arbeitslosenversicherung in der Rezession die Wende zu einem europäischen Wohlfahrtssystem erfahrbar machen. Eine solche Versicherung würde identitätsstiftend wirken und den öffentlichen Diskurs wegbewegen von der Fixierung auf ›Nettotransfers‹ zwischen Geber- und Nehmerländern.«

Eine solche Rückversicherung würde nicht nur politisch, sondern auch ökonomisch Sinn ergeben, minderte sie doch die Folgen einer neuen Krise und des Absinkens der europaweiten Konjunktur ab. So schreibt die Glienicker Gruppe in der *Zeit*. »Teilnehmen könnten alle Euroländer, die ihren Arbeitsmarkt entsprechend den Erfordernissen einer Währungsunion organisieren. Hiermit würde ein Mechanismus geschaffen, der starken Rezessionen mit automatischen europäischen Stabilisatoren entgegenwirkt. So ließe sich der makroökonomische Zusammenhalt der Euro-Zone stärken und die Integration des europäischen Arbeitsmarktes vorantreiben … Die größte Herausforderung der Zukunft wird sein, wie sich Sparauflagen, politische Vorgaben und Reformmaßnahmen in den Krisenländern organisieren und umsetzen lassen – insbesondere wenn es um die Abwicklung oder Neuaufstellung maroder nationaler Banken geht. Europa muss das zentrale Versäumnis der Währungsunion angehen, das Fehlen einer einheitlichen Wirtschaftsregierung mit Kompetenzen zum Eingriff in die Budgets der Mitgliedsstaaten. Nur wenn eine solche endlich auf europäischer Ebene eingerichtet wird, in Form eines ›europäischen Finanzministers‹ oder eines Euro-Gruppen-Chefs, können Stabilitätsvorgaben innerhalb der Währungsunion wirksam umgesetzt werden.«

Aber wollen die europäischen Staaten einen solchen Schritt überhaupt? Dominik Geppert ist skeptisch: »In kaum einem anderen europäischen Land ist – über die Vergemeinschaftung der deutschen Wirtschaftskraft und finanziellen Potenz hinaus – ein Wille zu derartigen Aufbrüchen erkennbar.« Tatsächlich hat eine Studie des Pew Research Center aus dem Jahr 2013 ergeben, dass außer in Deutschland nirgendwo eine Mehrheit für den Vorschlag existierte, zur Lösung der Krise müssten die Einzelstaaten mehr Kompetenzen an Brüssel abtreten.

Derlei Zögern könnte aber schlicht darin begründet liegen, dass Europa derzeit als ein »deutsches Europa« verstanden wird, also jede neue Kompetenzübertragung als weitere Stärkung der ungeliebten deutschen Regierung angesehen wird. Diesem Eindruck kann nur Deutschland selbst entgegenwirken, »es muss zum wohlwollenden Hegemon« werden, wie George Soros argumentiert, ähnlich den Amerikanern nach dem Zweiten Weltkrieg.

Es gibt viele Maßnahmen, die Deutschland in diese Richtung unternehmen könnte: neben einer weniger strikten Sparpolitik eine Hinwendung zur Vergemeinschaftung der Schulden, zu höheren Löhnen in Deutschland, die Förderung europaweiter Mobilität durch Sprachkurse und den Abbau von Arbeitsmarktschranken, auch mehr Investitionen in die marode deutsche Infrastruktur, um die Nachfrage europaweit anzukurbeln. Die bisherige Eindimensionalität der europäischen Krisenpolitik, das Beharren auf dem Sparkurs als oberste Maxime, müsste hingegen abgewendet werden. Behandelte man die Schuldenkrise mit den richtigen Lösungsansätzen, könnte sie – wie so oft in der Geschichte der Europäischen Union – zum Reformkatalysator werden, zu einem »Geburtshelfer« (David Marsh) auf dem Weg zu einer engeren politischen Union. Freilich kann dies nicht gelingen, weicht Europa weiterhin vor einem Grundsatzproblem aus, über das Intellektuelle sich bereits seit Bestehen der Europäischen Union den Kopf zerbrechen: das Fehlen einer europäischen Öffentlichkeit. Es mag gegenwärtig noch zu verkraften sein, dass Europa sich nicht auf einen gemeinsamen Sitz im UNO-Sicherheitsrat einigen kann, dass wir keine europäischen Medaillen bei Olympischen Spielen zählen, dass der Eurovision Song Contest strikt nach Landesgrenzen ausgetragen wird. Viel problematischer ist jedoch, was Luuk van Middelaar wie folgt beschreibt: »Europäische Entscheidungen werden von den Bürgern Europas nicht als ›unsere‹ Entscheidungen ›unserer Politiker‹ wahrgenommen, sondern weiter durch die nationale Brille betrachtet und nach nationalen Interessen gewertet und gewogen. Noch immer fühlen sich die europäischen Politiker in einer seltsamen Koexistenz zwei Herren verpflichtet – den Wählern daheim und dem europäischen Wohl. Und da über ihre eigene Zukunft der Wähler daheim entscheidet, sitzt dieser Hut im Zweifel näher.«

Zwar existieren bereits europaweite Parteienbündnisse, aber es gibt kaum europäische Führungspersönlichkeiten. Bei der Europawahl im Mai 2014 soll dies anders werden, wenn die größten Parteien im Europaparlament Spitzenkandidaten aufstellen, die dann je nach Abschneiden auch Aussichten auf den Spitzenposten der Europäischen Kommission haben. Der Vertrag von Lissabon, der am 1. Dezember 2009 in Kraft trat, sieht vor, dass die Staats- und Regierungschefs der EU-Mitgliedsländer dem Parlament einen Kommissionspräsidenten vorschlagen, und zwar unter Berücksichtigung der Resultate bei den Europawahlen. Die Zeit der Kungelei im kleinen Kreis der Staatenlenker soll damit endgültig vorbei sein.

Die ersten Reaktionen vonseiten der europäischen politischen Elite sind freilich wenig ermutigend. Sie will sich in ihrem Handlungsspielraum einfach nicht einengen lassen. Bundeskanzlerin Angela Merkel etwa macht keinen Hehl daraus, dass sie der Idee von Spitzenkandidaten skeptisch gegenübersteht, und betont, daraus ergebe sich kein automatischer Anspruch auf ein europäisches Spitzenamt. Weit wahrscheinlicher als eine neue Transparenz- und Demokratie-Offensive ist, dass nach den Europawahlen erneut ein Gerangel hinter den Kulissen um Europas Top-Posten einsetzen wird, nach Kriterien wie Parteizugehörigkeit, Geschlecht, Nationalität, aber gewiss nicht nach dem Kriterium »Europabegeisterung«. Landesgrenzen, obwohl doch angeblich überwunden, wirken in Europa beim politischen Einfluss noch immer als Puffer. Und so erscheint letztlich kaum denkbar, dass die

Wahlen eine europäische Führungspersönlichkeit hervorbringen.

Wir brauchen aber einen solchen Fürsprecher für Europa, und wir müssen ihm einen politischen Rahmen, einen »öffentlichen Raum« (Jürgen Habermas) einräumen, in dem er mit demokratischer Autorität im Namen Europas sprechen, werben und wirken kann. Denn wer wie einst Bismarck glaubt, allein was dem eigenen Land nütze, diene auch dem Kontinent, ist gefangen: im Denken des 19. Jahrhunderts.

GESPRÄCH

»Wir brauchen endlich eine politische Union«

SCHMITZ: Herr Soros, wir haben so viel über die Krise der Europäischen Union geredet. Aber in Sachen Euro scheint das Schlimmste doch überstanden. Irland hat den ESM verlassen, Griechenland kann sogar einen ausgeglichenen Haushalt vorlegen, andere Krisenstaaten leiten massive Strukturreformen ein. Und der Euro ist auch nicht wie befürchtet abgestürzt. Im Gegenteil, er steigt wieder.

SOROS: Sie klingen wie ein unverbesserlicher Optimist. An der falschen Struktur hat sich doch immer noch nichts geändert. Deutschland ist das einzige Land, das einen politischen Kurswechsel einleiten könnte, doch es hat sich klar dagegen ausgesprochen. Solange sich strukturell aber nichts ändert, ist die Euro-Krise auch noch nicht ausgestanden. An den Finanzmärkten ist es zwar in der Tat ruhiger geworden, dank der entschlossenen Intervention von EZB-Chef Mario Draghi. Aber Europas Krisenstaaten sitzen noch immer auf ihren Schuldenbergen und haben keinerlei Chance, in der näheren Zukunft ähnlich wettbewerbsfähig zu werden wie der Norden des Kontinents. Schauen Sie doch mal genauer hin: Griechenland kann mit viel Rechnerei einen kleinen Überschuss vorweisen, aber natürlich nur, wenn man die verheerenden Zinszahlungen ignoriert. Das Land wird seine Schulden ohnehin nie zurückzahlen können, das weiß jeder. Außerdem: Sollte der Euro weiter steigen, werden dadurch die nötigen Anpassungsprozesse innerhalb der Währungszone noch schwieriger werden.

SCHMITZ: Weil ihre Exporte sich im Rest der Welt verteuern?

SOROS: Genau. Auf diese Weise werden die Krisenstaaten erneut weniger wettbewerbsfähig. Damit bleibt den Nationen nur die Möglichkeit, ihre eigenen Kosten so radikal zu senken, wie es kaum vorstellbar erscheint. Es sei denn, Deutschland reduziert endlich seinen Handelsüberschuss. Oder die Binnennachfrage in vielen europäischen Ländern wird durch Reformen wie eine europäische Arbeitslosenversicherung gestärkt. Dafür erkenne ich jedoch keinerlei Anzeichen. Wolfgang Münchau hat das neulich in der *Financial Times* gut zusammengefasst. Er schrieb: »Ich kenne keinen plausiblen Plan, wie der Euro-Zone die doppelte Herausforderung der wirtschaftlichen Anpassung und des erträglichen Schuldendienstes innerhalb der Zwangsjacke der geltenden Politik gelingen kann. Solange so ein Plan nicht existiert, ist die Krise nicht vorbei.«

SCHMITZ: Sie übertreiben, die Debatten entwickeln sich durchaus weiter. Deutsche Politiker sprechen heute offen über Schuldennachlasse und haben auch ihren strikten Sparkurs in manchen Ländern gelockert.

SOROS: Na ja, Deutschland drückt diese Staaten sozusagen nicht mehr unter Wasser, es lässt ihnen ein wenig Luft zum Atmen. Vielleicht stehen wir daher nicht unmittelbar vor einer neuen Finanzkrise, auch wenn ich diese nicht ausschließen mag. Ich bin mir aber ziemlich sicher, dass wir uns auf heftige politische Krisen in Europa einstellen müssen.

SCHMITZ: Was meinen Sie damit?

SOROS: Wenn die Umfragen stimmen, könnten im nächsten Europaparlament bis zu ein Drittel der Abgeordneten radikalen Anti-Europa-Parteien aus dem linken oder rechten Spektrum angehören. Ich glaube zwar nicht, dass diese Kräfte das Parlament kapern können. Aber ich mache mir große Sorgen, wie ihre Präsenz die Politik der sogenannten pro-europäischen Mehrheit in Brüssel und Straßburg beeinflussen wird.

SCHMITZ: Das erinnert an die Rolle der radikalen Tea-Party-Bewegung im US-Kongress. Sie stellt dort auch nicht die Mehrheit, prägt aber politische Debatten nachhaltig, weil die Republikaner Angst vor ihrem Einfluss haben.

SOROS: Wir konnten etwas ganz Ähnliches bereits bei den Diskussionen über die europäische Asylpolitik nach dem Flüchtlingsdrama von Lampedusa erleben. Auf die Absurdität der Drittstaatenregelung hinzuweisen und einen liberaleren Umgang mit Flüchtlingen anzumahnen, ist anscheinend mittlerweile ein Tabu – weil dies, so die Argumentation der Politiker, den extremen Parteien noch mehr Wähler zutriebe. Die Reaktionen, die man erhält, wenn man einen humanen Umgang mit den europaweit angefeindeten Roma anmahnt, will ich gar nicht erst erwähnen. Wir brauchen eine pro-europäische Bewegung, um diese Schere in den Köpfen endlich zu überwinden.

SCHMITZ: Aber wer könnte solch eine Allianz bilden?

SOROS: Ich weiß es nicht, ich suche noch verzweifelt nach den richtigen Leuten.

SCHMITZ: Für die Europawahl im Mai haben die großen politischen Blöcke jeweils Spitzenkandidaten nominiert, die dann ins Rennen um den Posten des Präsidenten der Europäischen Kommission gehen sollen. Der deutsche Sozialdemokrat Martin Schulz beispielsweise tritt als Spitzenkandidat der europäischen Sozialisten an. Erhoffen Sie sich von diesem Prozess mehr demokratische Transparenz?

SOROS: Das tue ich wirklich, auch weil ich viel von Schulz halte. Er ist definitiv pro-europäischer als die meisten anderen deutschen Politiker. Wird er Kommissionspräsident, wäre das eine der wenigen positiven Folgen der Großen Koalition in Deutschland.

SCHMITZ: Weil er in Europa als der »andere Deutsche« wahrgenommen würde, sozusagen als der Gegenbegriff zu Angela Merkel?

SOROS: Ich glaube tatsächlich, dass er ein anderer Deutscher ist. Und es sieht so aus, als könne Kanzlerin Merkel Schulz nicht blockieren, wenn dieser die nötigen Stimmen zusammen bekommt. Das hätte einen weiteren positiven Nebeneffekt: Denn wenn ein Deutscher auch noch der EU-Kommission vorsteht, ist die EU offiziell eine deutsche Kolonie. Um Frust darüber vorzubeugen, müsste Berlin wohl seinen harten Sparkurs etwas abmildern. Allerdings hängt Berlins Politik letztlich nicht vom Kanzleramt ab, sondern von der anhängigen Entscheidung des Bundesverfassungsgerichts in Karlsruhe über den weiteren Kurs der EZB.

SCHMITZ: Fürchten Sie, dass das Gericht EZB-Chef Draghi verbieten will, weiter in großem Stil Staatsanleihen aufzukaufen, um so den Euro zu stützen?

SOROS: Das vielleicht nicht. Aber es könnte den Spielraum der EZB einschränken und ihre Fähigkeit, Deflations-Tendenzen in Europa entgegenzuwirken, empfindlich gefährden.

SCHMITZ: Angela Merkel hat wiederholt gesagt, sie wolle erst einmal die Krise lösen und dann über »mehr Europa« nachdenken. Eine engere politische Union ist bei ihren Wählern derzeit nicht populär.

SOROS: Klar, die Deutschen haben es nicht eilig. Schließlich können sie derzeit beinahe nach Belieben ihren Willen durchsetzen. Das Bundesverfassungsgericht, inzwischen die wichtigste juristische Instanz in ganz Europa, kann entscheiden, dass jedes Euro-Hilfspaket die Zustimmung des Bundestags braucht. Also bestimmen deutsche Parlamentarier indirekt auch über die Lage, sagen wir, in Spanien. Umgekehrt dürfen spanische Abgeordnete aber die Deutschen zu nichts zwingen. So kann ein Zusammenschluss demokratischer Staaten schlicht nicht funktionieren.

SCHMITZ: Viele Stimmen sagen, dass wir spätestens in ein paar Jahren eine stärkere Europäische Kommission brauchen, einen Kommissionspräsidenten, der direkt von den

Europäern gewählt wird, vielleicht sogar eine europäische Staatsbürgerschaft. Was halten Sie von diesen Ideen?

SOROS: Den Schöpfern des Euro war durchaus klar, dass sie ein unfertiges Konstrukt zimmern: eine Währungsunion ohne politische Union. Natürlich glaubten sie, dass es in Krisenzeiten immer genug politischen Willen geben werde, um den nächsten politischen Schritt zu machen. Schließlich ist der europäische Einigungsprozess immer auf diese Weise abgelaufen. Leider aber hat die Euro-Krise die Europäische Union in ein Konstrukt verwandelt, das sich die Schöpfer des Euro in ihren schlimmsten Träumen nicht vorgestellt hätten: eine seltsame Allianz aus Schuldnern und Gläubigern. Der jetzige Zustand ist unerträglich, er schadet ganzen Nationen. Und er ist so unnötig, weil er so leicht zu beheben wäre.

SCHMITZ: Wie denn?

SOROS: Die Deutschen bestehen auf Strukturreformen in einzelnen EU-Ländern. Mit der Forderung haben sie ja nicht einmal unrecht. Aber sie übersehen völlig, dass wir vor allem die Struktur der Euro-Zone und der Europäischen Union reformieren müssen. Wir brauchen endlich eine engere politische Union.

SCHMITZ: Der Historiker Timothy Garton Ash schrieb, anstelle der »permanenten Revolution«, von der Leo Trotzki einst sprach, hätte Europa ständige Wahlen. Er schlug vor, europaweit Wahlen am selben Tag abzuhalten, um politischen Stillstand – wie wir ihn während des Bundestagswahlkampfes 2013 erlebt haben – zu verhindern. Was halten Sie von der Idee?

SOROS: Sehr viel. Ich finde auch, dass das Europäische Parlament eine viel stärkere Stellung innerhalb der EU erhalten müsste. Es sollte auf Basis europäischer Themen bestimmt werden, nicht bloß auf Basis des nationalen Abschneidens. Ansonsten prägen dauerhafte nationale Präferenzen die Europawahlen, und das ist ein großes Problem für Europa. Seien wir doch ehrlich: Kanzlerin Merkel wird sich vor heimischen Wählern immer mehr fürchten als vor irgendjemand sonst in Europa.

SCHMITZ: Als Hunderttausende Menschen im Dezember 2013 in der Ukraine gegen die Entscheidung ihrer Regierung protestierten, ein Partnerschaftsabkommen mit der EU nicht zu unterzeichnen, schwenkten sie die Europa-Flagge. Diese Begeisterung kontrastiert deutlich mit der Europamüdigkeit in Berlin, Paris oder Brüssel.

SOROS: Diese Bilder aus der Ukraine waren sehr wichtig. Sie erinnerten uns daran, worum es beim Projekt der Europäischen Union eigentlich geht: um das Ideal einer offenen und freien Gesellschaft, die natürlich in die ganze Welt ausstrahlt. Europa hat dieses Ideal schon einmal erreicht, es tut sich aber derzeit sehr schwer, Anziehungskraft zu entfalten. Denn auch die EU-Nachbarschafts- und Erweiterungspolitik, lange eine Erfolgsgeschichte, ist ein Opfer der Euro-Krise. Europa ist viel zu sehr mit einer krisenbehafteten Nabelschau beschäftigt.

SCHMITZ: Ganz konkret: Russlands Präsident Wladimir Putin konnte die Ukraine mit Subventionen in Höhe von 15 Milliarden Dollar locken, die EU stellte ein paar Hundert Millionen Euro in Aussicht.

SOROS: Zwischen der EU und Russland tobt ein Machtkampf um die Ukraine, und ich befürchte, dass Moskau ihn gewinnen wird, weil es schlicht mit härteren Bandagen kämpft. Putin scheint einen Masterplan zu verfolgen, so viel wie irgend möglich von der Sowjetunion wieder herzustellen, und dafür ist ihm jedes Mittel recht. Lange haben die Europäer Russland trotzdem nicht als Bedrohung angesehen. Wenn sich das nun ändert, könnte es sozusagen im Widerstand gegen Russland zur Einigung kommen. Das wäre immerhin ein positiver Nebeneffekt.

SCHMITZ: Nur ist von dieser neuen Einigkeit bislang wenig zu sehen.

SOROS: Die EU-Mitgliedsstaaten zerfleischen sich derzeit gegenseitig. Dass dies gerade jetzt passiert, ist besonders unglücklich, weil die Welt ein Machtvakuum erlebt und dringend eine starke europäische Stimme bräuchte.

SCHMITZ: Das stimmt: In den USA gewinnen isolationistische Tendenzen die Oberhand. Und die ökonomische Supermacht China sträubt sich bislang, mehr globale Verantwortung zu übernehmen.

SOROS: In diese Lücke könnte Europa stoßen, weil sein Einfluss in der internationalen Diplomatie weit größer ist, als seine aktuelle Wirtschaftskraft oder seine Bevölkerungsgröße nahelegen. Europa verfügte über besonders viel »soft power«, doch ausgerechnet jetzt ist die Überzeugungskraft massiv geschwunden.

SCHMITZ: Besonders die deutsche Außenpolitik steht immer wieder in der Kritik, weil sich Berlin aus heiklen

Militäreinsätzen wie in Libyen oder Syrien partout heraushalten wollte und dabei im UNO-Sicherheitsrat teilweise sogar aufseiten von China oder Russland gegen westliche Verbündete stand.

SOROS: Ja, das ist eine sehr seltsame Entwicklung. Deutschland ist eine Hegemonialmacht in Europa, aber außenpolitisch weiterhin ein Zwerg – weil es das selbst so will. Die nationalsozialistische Vergangenheit hält es nach wie vor davon ab, eine stärkere globale Rolle zu spielen. Interessanterweise zeigen derzeit alle Weltmächte Hemmungen: China will wie gesagt keine außenpolitische Verantwortung übernehmen. Und in den USA ist der Einfluss der Tea Party spürbar, die es strikt ablehnt, dass der Staat den Reichen mehr abnimmt, um Hilfsbedürftigen beizustehen, ob zu Hause oder im Rest der Welt. Dabei fällt mir ein: In Europa spielt eigentlich Deutschland die Rolle der Tea Party.

SCHMITZ: Das müssen Sie genauer erklären.

SOROS: Natürlich hinkt der Vergleich, schließlich ist Europa ein Zusammenschluss von Staaten, keine eigenständige Nation wie die USA. Aber innerhalb dieses Gebildes agiert Deutschland derzeit wie die Tea Party im US-Kongress. Dem Land geht es selbst gut, aber es will nichts an die weniger Glücklichen abgeben. Die Bedürftigen in Europa sollen weitgehend für sich selbst sorgen, argumentiert Berlin und sträubt sich vehement gegen eine europäische Transferunion.

SCHMITZ: Sie haben sich in den vergangenen Monaten intensiv mit der Lage in China beschäftigt. Warum?

SOROS: Die drohende Finanzkrise in China ist außerordentlich ernst. Ich habe so etwas noch nie erlebt: Uns droht binnen weniger Jahre eine zweite Weltfinanzkrise. Normalerweise vergeht zwischen zwei Krisen einer solchen Größenordnung mindestens eine Generation. Doch China steht vor einer gewaltigen Herausforderung: Es muss sein Wachstumsmodell reformieren, das an seine Grenzen stößt. Bislang basierte es auf gewaltigen Exportüberschüssen, die die Regierung verstärkte, indem es den Wechselkurs für seine Währung künstlich niedrig hielt. Auch sammelte die Zentralregierung gewissermaßen die Erträge seiner Bürger ein und investierte sie. So stellte sie sicher, dass seine Wirtschaft weiter boomte und bis zu 10 Prozent pro Jahr wuchs.

SCHMITZ: Diese Party scheint sich ihrem Ende zu nähern.

SOROS: Die gesamte chinesische Wirtschaft ist heillos überschuldet. Der private Schuldenstand ist in den vergangenen Jahren um ein Vielfaches schneller gewachsen als die Wirtschaftsleistung. Weil Chinas Führer aber nur am Wirtschaftswachstum interessiert waren, haben sie nichts gegen diese Schuldenexplosion unternommen. Insbesondere die chinesischen Schattenbanken sind außer Kontrolle geraten. So sehr, dass die Zinssätze für kurzfristige Darlehen in China zwischenzeitlich auf über 10 Prozent schnellten.

SCHMITZ: Ist der chinesischen Regierung das Risiko dieser Situation bewusst?

SOROS: Durchaus. Im Sommer 2013 drückte die chinesische Regierung den Notfallknopf. Ihr wurde klar, dass ohne einen Kurswechsel nicht nur eine Finanzkrise drohte, sondern auch eine soziale Krise, die das Überleben der Partei gefährden könnte. Und weil Chinas Machthaber anders als die US-Regierung auch die Wirtschaft komplett kontrollieren, konnten sie leicht umsteuern. Sie pumpten Geld in die Wirtschaft und wiesen die Stahlindustrie an, wieder mehr Brennöfen anzufeuern. Das genügte, um die Wirtschaftslage herumzureißen. Derzeit ist China wieder eine globale Wachstumsmaschine.

SCHMITZ: Aber das kann doch keine nachhaltige Lösung sein.

SOROS: Nein, natürlich nicht, das ist nur ein Notbehelf. Wenn die Chinesen ein paar Jahre so weitermachen, müssen sie in Zukunft viel größere Probleme lösen als heute. Die Regierung in Peking ist jedoch auf hohe Wachstumsraten angewiesen, um sich an der Macht zu halten. Das ist der teuflische Pakt, den sie mit dem Volk geschlossen hat. Sinkt das Wachstum, drohen die Bürger Fragen zu stellen. Deshalb ist die Angst vor einem Abschwung bei der Parteispitze so groß.

SCHMITZ: Na ja, den Westen machen die sinkenden Wachstumsraten in China immer noch neidisch.

SOROS:Wir lassen uns von Chinas Erfolgszahlen zu sehr blenden. Historisch gesehen hat es dauerhaftes Wachstum ohne Abschwächung noch nie gegeben. Außerdem steigt die Zahl der Alten in China dramatisch, während etwa Amerikas Gesellschaft dank der Migration und höherer Geburtenraten immer jünger wird. Da zugleich die chinesischen Löhne deutlich steigen, schwindet auch sein Wettbewerbsvorsprung als Werkzeugbank der Welt rapide.

SCHMITZ: Ihre Empfehlung an die Europäer lautet demnach: Verlasst euch nicht darauf, dass China euch retten kann.

SOROS: Die chinesische Wirtschaft könnte für Europa eher eine Bürde sein, als dass sie als Retter erscheint, das ist richtig. China möchte Europa als Absatzmarkt erhalten und es hat den Euro bislang gestützt, da es ihn als Reservewährung schätzt. Aber seine Ressourcen sind inzwischen begrenzt: Zwar hat das Land rund 3,5 Billionen Dollar in Devisenreserven angehäuft, doch es braucht Geld, um die Schulden der eigenen Regionalbehörden und der maroden Banken auszugleichen. Das ist China derzeit wichtiger als Investitionen in Europa.

SCHMITZ: Kann Europa weiter darauf zählen, dass die Chinesen den Euro stützen werden?

SOROS: Ich glaube, diese Rolle fällt künftig eher anderen asiatischen Nationen wie Japan zu. Tokio hat seine Geldpolitik radikal verändert und setzt jetzt auf billiges Geld und niedrige Zinsen, was zu einer massiven Abwertung des Yen führen wird. Damit verabschiedet sich Japan übrigens von genau der Austeritätspolitik, die Europa derzeit noch empfiehlt. Japan ist aber ein direkter Konkurrent Europas, mehr als drei Viertel der japanischen und deutschen Exporte wandern in ähnliche Regionen. Wenn der Yen billiger wird, beeinflusst das also direkt Deutschlands und Europas Wettbewerbsfähigkeit.

SCHMITZ: Derlei Spannungen lassen enge Bande zwischen Europa und den USA wichtiger denn je erscheinen.

Die Enthüllungen über die Spionageaktivitäten der NSA haben diese Beziehung aber schwer erschüttert. Verstehen Sie den Zorn der Europäer?

SOROS: Oh ja, dafür habe ich vollstes Verständnis. Das Ausmaß dieser Spionage war ein Schock für die Europäer, und es war auch ein Schock für uns Amerikaner.

SCHMITZ: Sind Sie enttäuscht, dass der gelernte Verfassungsjurist Obama zum Chefschnüffler mutiert ist?

SOROS: Obama glaubt, dass er als Demokrat keine Schwäche zeigen darf, wenn es um die nationale Sicherheit geht. Aber er hat sich verrannt: Edward Snowden hat Staatsspionage und Staatsmissbrauch aufgedeckt, von denen das Volk nichts wusste. Ich war zunächst misstrauisch, als Snowden nach Hongkong und Moskau floh, weil ich bei allen Versäumnissen Amerika noch immer für weit menschenfreundlicher halte als die Regime in China und Russland. Aber er erklärte dann überzeugend, wie er sicherstellte, dass weder die russischen noch die chinesischen Behörden Zugriff auf seine Dokumente erhalten.

SCHMITZ: Edward Snowden wird oft mit Daniel Ellsberg verglichen, der in den 1970er Jahren Geheimdienstunterlagen über Amerikas Fehler im Vietnamkrieg publik machte. Ellsberg hat sich damals allerdings nicht aus den USA abgesetzt, er wollte für seine Tat geradestehen.

SOROS: Das waren andere Zeiten, so traurig das klingt. Ellsberg machte sich keine großen Sorgen, dass ihm die damalige US-Regierung viel anhaben könnte – er wurde nicht einmal offiziell belangt. Aber Snowden wusste genau, dass er wahrscheinlich den Rest seines Lebens im Gefängnis hätte verbringen müssen, wäre er in den USA geblieben. Schließlich geht die Obama-Regierung so hart gegen Whistleblower vor wie nicht einmal George W. Bush. Denken Sie nur an den Wikileaks-Informanten Bradley Manning, der erst monatelang in Einzelhaft gesteckt und nun zu mehreren Jahrzehnten Haft verurteilt wurde.

SCHMITZ: Würden Sie Snowden als Helden bezeichnen?

SOROS: Ich habe viel Respekt für ihn und wäre sehr froh, wenn er der US-Regierung als Berater zur Seite stünde, um die Exzesse des amerikanischen Geheimdienstapparates einzudämmen. Ehrlich gesagt würde ich ihn selbst gerne als Berater verpflichten, er scheint ein sehr fähiger Kerl zu sein. Aber ganz abgesehen davon: Die US-Regierung muss endlich begreifen, dass der Zorn der Europäer über die exzessive Überwachung in deren Geschichte verankert ist, sonst kann es keinen transatlantischen Neuanfang geben.

SCHMITZ: Sie wurden in Europa geboren, haben aber den Großteil Ihres Lebens in den USA verbracht. Hat sich die Einstellung von Amerikas Elite zu Europa gewandelt?

SOROS: Lange hielten die Amerikaner alle Europäer für verkappte Sozialisten, mich übrigens inbegriffen, weil ich höhere Steuern für Reiche forderte. Heute ist vielleicht noch etwas Schlimmeres eingetreten: Die Amerikaner interessieren sich nicht mehr für Europa, sie halten die Entwicklungen in Asien für wichtiger.

SCHMITZ: Barack Obama anscheinend auch. Er bezeichnet sich gerne als den ersten »pazifischen Präsidenten«, weil er einige Jahre in Indonesien gelebt hat.

SOROS: Auf die Gefahr hin, dass ich deutsche Leser vor den Kopf stoße: China ist mittlerweile schlicht wichtiger als Europa. Ich bin im Herzen immer noch Europäer, aber was in China in den kommenden Jahren passiert, ist für die Entwicklung der Menschheit weitaus bedeutender als Europas Zukunft. Die Europäer müssen begreifen, dass sie mehr zusammenhalten müssen, um in einer globalisierten Welt bestehen zu können. Denn die Europäische Union ist viel anfälliger als ein einzelner Staat. Staaten sind in der Geschichte durch Höhen und Tiefen gegangen. Aber die Europäische Union, dieser unfertige Zusammenschluss souveräner Staaten, kann sich ein Jahrzehnt Stagnation nicht erlauben, sonst zerbricht sie.

SCHMITZ: Wir haben so viel über Märkte und Macht gesprochen, erzählen Sie uns noch ein bisschen vom Menschen George Soros: Sie haben seit Jahrzehnten, eigentlich seit ihrem Studium in London, philosophische und politische Theorien entwickelt, wurden damit aber nie wirklich ernst genommen. Sie haben sich selbst sogar als einen »gescheiterten Philosophen« bezeichnet. Doch seit dem Ausbruch der letzten Weltfinanzkrise, die sie ziemlich genau vorhergesagt hatten, sind Ihre Theorien auf einmal gefragt. Verspüren Sie Genugtuung?

SOROS: Schon ein bisschen. Ich hatte lange Zeit nicht besonders viel Selbstvertrauen, wenn es um meine philosophische Ader ging. Sie kam mir wie ein persönliches Hobby vor, kaum interessant für andere Menschen. Aber das änderte sich, als ich die Reaktionen auf meine

Aussagen im Zusammenhang mit der Weltfinanzkrise mitbekam. Mervyn King zum Beispiel, bis vor Kurzem Chef der Bank of England und aus meiner Sicht einer der intelligentesten Banker der Welt, sagte vor rund einem Jahrzehnt, ich sei ein Mensch mit ganz interessanten Ideen, aber meine Theorien seien mehr oder weniger bedeutungslos. Nach der Krise bekannte King öffentlich, sich geirrt zu haben und dass meine Erklärungsansätze profund seien. Das hat mich schon gefreut. Und eitel wie ich bin, ist mir natürlich der Mann jetzt noch mehr ans Herz gewachsen.

SCHMITZ: Um welche Ideen und Konzepte handelt es sich?

SOROS: Dass wir verstehen müssen, manchmal eben nicht alles zu verstehen, ob es nun um Geldanlagen geht oder um die Weltgeschichte. Dass unsere sozialen und wirtschaftlichen Abläufe nicht immer von rationalen Erwägungen gesteuert werden, sondern von falschen oder fehlerhaften Vorstellungen und Erwartungen aller beteiligten Parteien und Personen.

SCHMITZ: Wenn ich Leuten von unseren Gesprächen erzählte, stellten sie oft eine simple Frage: Warum verbringt ein 83 Jahre alter Multimilliardär, der gerade zum dritten Mal geheiratet hat, so viele Stunden mit komplizierten und trockenen Details der Euro-Krise? Warum genießen Sie nicht einfach Ihren Lebensabend?

SOROS: Das klingt jetzt vielleicht verrückt, aber meine Idee von einem erfüllten Leben ist es, Geschichte zu beeinflussen. Ich hatte seit ich denken kann immer ziemlich hohe Erwartungen an mich selbst. Als junger Mann träumte ich davon, ein Reformer oder Vordenker zu werden wie etwa John Maynard Keynes. Oder ein bahnbrechender Wissenschaftler wie Albert Einstein.

SCHMITZ: Das klingt ziemlich pompös. Sind Sie denn zufrieden mit dem, was Sie geleistet haben?

SOROS: Mir ist schon klar, dass ich nicht berühmt geworden bin, weil ich ein großartiger Philosoph bin oder ein so bedeutender Philanthrop, sondern weil ich sehr gut darin bin, Geld zu verdienen und zu mehren. Aber ich habe mich damit abgefunden, ich bin stolz auf meine Lebensleistung. Das war früher ganz anders: Ich habe mich irgendwie geschämt für das, was ich getan habe, und ich war oft sehr einsam und allein. Seitdem ich meine wohltätige Arbeit begonnen und mir andere Ziele gesetzt habe, bin ich ein sehr viel geselligerer Mensch. Vor allem aber bin ich ein weit glücklicherer Mensch. Und wenn ich in dieser Rolle, die ich nun übernommen habe, die europäische Öffentlichkeit überzeugen kann, dass sie den Euro und die Europäische Union retten muss, um sich selbst zu retten, werde ich noch glücklicher sein.

EPILOG

Als der Autor dieses Buches nach sechs Jahren Korrespondententätigkeit in Washington nach Brüssel zurückkehrte, war er überrascht, wenn nicht gar verstört. Zum Zeitpunkt seines Abschieds galt Deutschland als Europas Musterschüler und die Europäische Union als eine Erfolgsgeschichte, die Debatten drehten sich um Details einer gemeinsamen Außen- und Sicherheitspolitik. Wenige Jahre später geht es um Hilfspakete und Rettungsschirme, und Deutschland wird als größere Gefahr für Europas Zusammenhalt wahrgenommen als etwa die Populisten der Anti-Europa-Parteien. Noch besorgniserregender aber ist: Die Euro-Krise scheint nicht zu mehr Solidarität oder gar Wohlwollen unter den Nationen zu führen, sondern zu mehr Misstrauen und Ablehnung.

Zwar wird Deutschland heute von vielen Nationen als ein fortschrittliches Land verehrt, in dem eine Frau regiert, ein Rollstuhlfahrer Finanzminister ist und ein Homosexueller Außenminister sein durfte; zwar berichten amerikanische Zeitungen mit Vorliebe über Berlin, »the coolest city on earth«; zwar wird die deutsche Fußballnationalmannschaft nicht mehr mit »Rumpelfußball« und »deutschen Tugenden« in Verbindung gebracht, sondern auf der ganzen Welt für ihre elegante Art, Fußball zu spielen, und für ihre Integrationsleistung bewundert. In diese Liebesbeziehung mischt sich jedoch eine gehörige Portion Ratlosigkeit. Was will Deutschland eigentlich? Wie wichtig ist ihm Europa? Worin besteht seine Vision, für Europa und für die Welt?

Deutschlands und damit auch Europas Dilemma besteht darin, dass der Bundeskanzlerin solch eine Vision fremd ist. Sowohl im Bundestagswahlkampf 2013 als auch in den anschließenden Koalitionsverhandlungen wurde das Thema »Europa« beinahe vollständig ausgeblendet. Es schien, als verweigerten sich die deutschen Politiker einer Debatte über Europa – und einer Debatte über die Zukunft ihres eigenen Landes.

Dergleichen wäre in den USA undenkbar. Auch die amerikanischen Präsidentschaftswahlen verlaufen oftmals wenig inhaltsgetrieben und bergen einige negative Auswüchse wie die Fokussierung auf Show, den Einfluss des großen Geldes und den quälend langen Prozess bis zur endgültigen Entscheidung. Da sie aber – beginnend mit den »primaries«, den parteiinternen Vorwahlen – viel stärker auf Kandidaten als auf Parteien zugeschnitten sind, ist eine Flucht vor der klaren Positionierung schwierig. Alle Bewerber müssen sich erklären, ob in TV-Debatten oder in den Wohnzimmern der heimischen Wähler. Sie müssen überzeugen, rhetorisch und symbolisch.

In den europäischen Debatten scheint derlei jedoch unerwünscht. Europas Politiker schrecken beinahe reflexartig vor einem Übermaß an Identifikation zurück. Die *Bild*-Zeitung hat Angela Merkel einmal gefragt, was ihr in den Sinn komme, wenn sie an Deutschland denke, und sie antwortete: »Kein anderes Land kann so dichte und schöne Fenster machen.« Derartige Sätze lassen die Bundeskanzlerin bodenständig und authentisch erscheinen, sie spiegeln aber auch wieder, was Timothy Garton Ash als ständig zunehmende »Provinzialität« der deutschen politischen Klasse bezeichnet hat, die in verblüffendem Gegensatz zur Weltläufigkeit der deutschen Wirtschaftselite stehe.

Leider gilt diese Phantasielosigkeit, diese Missachtung von Pathos als politischem Hilfsmittel, nicht nur für die Sprache. Der amerikanische Journalist Roger Cohen erinnerte im November 2013 an Willy Brandts Kniefall im Warschauer Ghetto: »Solche symbolischen Akte sind ungeheuer wichtig«, schrieb er in »A Time for Courage« in der *New York Times,* »sie werden zum Mythos, weil sie mehr noch als Worte eine Verbindung herstellen können.« Könnte man sich einen ähnlichen Akt in der aktuellen Euro-Krise vorstellen? Etwa einen Auftritt Merkels in Griechenland oder Spanien, in dem sie ihre Solidarität mit den Krisenstaaten und seinen Generationen ohne Zukunft bekundet? Roger Cohen glaubt nicht daran: »Brandt, Schmidt, Adenauer und Kohl waren Giganten verglichen mit den heutigen europäischen Zwergen.«

Wenn schon die »mächtigste Frau Europas« sich nicht an ihr Volk wendet, wer spricht dann für Europa? Und selbst wenn die Europäische Union nicht gleich zerbricht: Wie lässt sich verhindern, dass die aktuelle Krisennabelschau zu einem bedauerlichen Rückschritt führt? Und wer könnte diesen stoppen? Etwa eine engere politische

Union? Gar ein »Putsch«, beispielsweise in Form einer Protestaktion des EU-Parlaments gegen die Berliner Austeritätspolitik, wie es Helmut Schmidt in seinem aktuellen Buch *Mein Europa* vorschlägt?

Wenn die Bürger der Europäischen Union sich nicht zur Union bekennen, haben Europas Feinde leichtes Spiel – und Europas Politiker drohen zu Nachfahren jener »Schlafwandler« zu werden, die in den Jahren vor dem Ausbruch des Ersten Weltkrieges die Krisenstimmung auf dem Kontinent so eklatant unterschätzten. George Soros fordert den offenen Widerstand gegen diese Gleichgültigkeit, eine »Pro-Europa-Bewegung der Bürger«. Der gebürtige Ungar, 83 Jahre alt, weiß, dass er diesen Kampf nicht mehr selbst ausfechten kann, seinen Appell sieht er als sein Vermächtnis an. Aber er formuliert auf diese Weise einen Auftrag an uns Jüngere, die wir in einer Zeit aufgewachsen sind, da Europas Narrativ stets um »mehr« kreiste: mehr Wohlstand, mehr Freiheit, mehr Austausch.

Gelingt es uns heute trotz der drohenden Aussicht auf erhebliche Einschnitte nicht, ein verbindendes europäisches Narrativ zu entwickeln, das sich gegen die verschiedenen Renationalisierungen auf dem Kontinent richtet, dann bekommen wir nur das Europa, das wir verdienen.

LITERATUR

Ulrich Beck, *Das deutsche Europa. Neue Machtlandschaften im Zeichen der Krise*, Berlin 2012.

Christopher Clark, *Die Schlafwandler. Wie Europa in den Ersten Weltkrieg zog*, München 2013.

Daniel Cohn-Bendit / Guy Verhofstadt, *Für Europa! Ein Manifest*, München 2012.

Timothy Garton Ash, »The New German Question«, *The New York Review of Books*, 15. August 2013.

Timothy Garton Ash, »The Crisis of Europe«, *Foreign Affairs*, September/Oktober 2012.

Dominik Geppert, *Ein Europa, das es nicht gibt. Die fatale Sprengkraft des Euro*, Berlin 2013.

François Heisbourg, *La fin du rêve européen*, Paris 2013.

Gavin Hewitt, *The Lost Continent. Europe's Darkest Hour Since World War Two*, London 2013.

Dick Leonard, *Economist Guide to the European Union*, London 2010.

Geert Mak, *Was, wenn Europa scheitert*, München 2012.

David Marsh, *Beim Geld hört der Spaß auf. Warum die Eurokrise nicht mehr lösbar ist*, Berlin 2013.

Luuk van Middelaar, *The Passage to Europe. How a Continent Became a Union*, Yale University Press 2013.

Alain Minc, *Vive l'Allemagne!*, Paris 2013.

Robert Menasse, *Der Europäische Landbote. Die Wut der Bürger und der Friede Europas*, München 2012.

Johan van Overtveldt, *The End of the Euro. The Uneasy Future of the European Union*, Berkeley 2011.
Helmut Schmidt, *Mein Europa*, Hamburg 2013.
Gregor Peter Schmitz, »Transatlantische Freihandelszone«, SPIEGEL ONLINE, 18. Februar 2013 (vgl. *Wetten auf Europa*, S. 155/156).
Martin Schulz, *Der gefesselte Riese. Europas letzte Chance*, Berlin 2013.
Brendan Simms, *Europe. The Struggle for Supremacy*, London 2013.
George Soros, *The Soros Lectures. At the Central European University*, New York 2011.
George Soros, *Der Blick geht nach vorn: Fünf Grundpfeiler der Märkte von morgen*, München 2010.
George Soros, *Die Alchemie der Finanzen*, München 2007.
Peter Watson, *Der deutsche Genius. Eine Geistes- und Kulturgeschichte von Bach bis Benedikt XVI.*, München 2010.

Die Gespräche in diesem Buch über die Euro-Krise, die Rolle der Finanzmärkte sowie die wirtschaftlichen und gesellschaftlichen Zusammenhänge sind maßgeblich von der Theorie der Reflexivität beeinflusst, die George Soros während seiner Studienjahre an der London School of Economics and Political Science zu entwickeln begann und die ihn bis heute beschäftigt. Im Januar 2014 widmete das renommierte internationale Fachblatt *Journal of Economic Methodology* dem Thema Reflexivität eine Sonderausgabe. Der Beitrag von George Soros zu dieser Ausgabe, seine bislang umfassendste und tiefste Auseinandersetzung mit den philosophischen Grundlagen seiner Arbeit als Investor und Philanthrop, findet sich dort unter dem Titel »Fallibility, Reflexivity, and the Human Uncertainty Principle«.